新版 本づくりこれだけは

編集・デザイン・校正・DTP 組版のノウハウ集

下村昭夫・荒瀬光治・大西寿男・高田信夫 共著

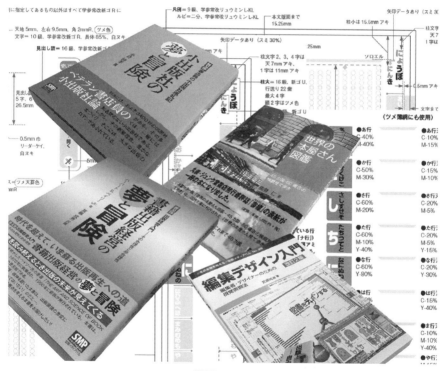

SMP
mediapal
出版メディアパル

〈謝　辞〉　新版発行にあたって

　本書は、日本出版労働組合連合会の主催する『出版技術講座』で 30 年間に
わたり初心者教育に携わってきた経験の中から、「本づくり」に関する必要最
低限の基礎知識を解説したものです。『出版技術講座』を通じて、ご指導・ご
協力いただいた関係各位に厚くお礼申し上げます。

　本書は、2003 年 4 月にセミナー用の「講義ノート」として発行され好評を
得たオリジナル版を 2004 年 4 月に全面的な改訂を加え、編集者のための実務
入門テキストとして「改訂新版」が発行されました。その後、産業状況や新し
い JIS「校正記号」の制定に伴い 2009 年に「改訂 3 版」を発行し、2013 年に「改
訂 4 版」を発行し、多くの読者から親しまれてきました。

　本書には、『編集＆デザインハンドブック』に収録されている「DVD 版／本
づくりこれだけは」という同名の相棒がいます。この DVD は、一人の新人編
集者が一冊の本を作るまでの 105 日間を描いたもので、出版界に働く先輩か
ら後輩たちへ、「本づくりの心と技」を伝えるために出版技術講座を支えた仲
間たちの“知恵と工夫”を結集して制作された DVD です。DVD 版も併せて
ご活用いただければ幸いです。

　なお、本書の発行に当たり『標準　編集必携（第 2 版）』（日本エディタースクー
ル出版部）や『本づくりの常識・非常識（第二版）』（野村保惠著、印刷学会出
版部）など先駆的なテキストから多くのことを参考にさせていただきました。
　2020 年 1 月

　　　　　　　　　　　「本づくりの心と技」を探求する旅から……

本書を読まれる皆さんへ

　編集の仕事は、「読者とともに、著者とともに、同時代を考え、夢をはぐくみ、未来へ向けメッセージを送り続ける」ことといえます。

　その夢とともに、一人ひとりの「本と編集者の世界」があり、本を作り続けてきた歴史の上に、その夢が発展するわけですから、今、「編集の心と技を学ぶ」ことが求められているといえます。電子メディアの可能性が強調され、華々しくさまざまなシステムが発表されるごとに、本という紙メディアのすばらしい機能に魅せられるという皮肉な結果を生んでいるといえます。

　パピルスに描かれた絵と文字は5000年の時間と空間を経て、古代人のメッセージを現代の私たちに伝えてくれています。その輝きは、本に託されたメッセージと同様に未来へもきっと伝えられるに違いないと確信しています。

　このほど最新の産業状況や技術革新の進展を補足するとともに、読者の皆さんからご希望の多かった出版企画について「企画の立案」と「企画の実現」の基礎知識にふれ、「電子書籍の動向」と「著作権法の改正や新しい出版契約」などを増補し、「DTPの基礎知識とInDesign入門」や「校正の基礎知識と校正記号」「印刷の基礎知識と文字の扱い』などを新たに書き加え、「新版」としました。なお、新版発行に当たり、3人の専門家に共同執筆者としてご参加いただきました。

　第4章「DTPの基礎知識とInDesign入門」　高陵社書店社長　高田信夫さん
　第5章「校正の基礎知識と校正記号」　　　ぽっと舎代表　大西寿男さん
　第6章「印刷の基礎知識と文字の扱い」　　あむ代表　荒瀬光治さん

　本書は、編集者を目指す若い人たちのための入門書として発行しましたが、出版現場で、日夜、出版・編集の最前線で活躍されているベテランの皆さんにも「新人教育用テキスト」として、ぜひご活用いただければ幸いです。

　本書が、旧版同様、多くの方々のお役に立つことを祈念しています。

　2020年2月

出版メディアパル編集長　下村　昭夫

3

新版 本づくりこれだけは

編集・デザイン・校正・DTP組版のノウハウ集

第 1 章

編集の仕事と出版産業

　この章では、まず初めに「出版とは何か」「本とは何か」について考え、本が生まれるまでの編集者や製作者の役割を考えます。

　また、本や雑誌が読者の手に渡るまでの出版流通のしくみや出版産業の現状と課題、新しい電子メディアと紙のメディアの関連性について学びます。

　　1. 出版・編集の仕事と出版の原点について考えます。

　　2. 出版と編集者・製作者の仕事について学びます。

　　3. 出版流通の基本である委託制と再販制について学びます。

　　4. 出版流通の現状と課題について考えます。

　　5. 出版産業の現状と問題点について学びます。

　　6. 出版社の現状と書店の現状について考えます。

　　7. 本の定価を考え、本の定価と消費税との関連を学びます。

　最後に、「出版倫理綱領」「出版物取次倫理綱領」「出版販売倫理綱領」などについて学び、本というメディアのあり方と出版再生への道を考えます。

1. 出版・編集の仕事と出版の原点

1．出版の仕事とは

　編集者の仕事は、「著者からいただいた原稿を本や雑誌の形で、商品として、世に送り出す」ことである。そして、編集の仕事は、それらの著作物を適法に使用し、「わかりやすく、美しい形で、読者に提供する」ことでもある。

　スタンリー・アンウィン氏は、『出版概論』（スタンリー・アンウィン著、布川角左衛門・美作太郎訳、日本エディタースクール出版部刊）の中で「出版業者になることは容易であるが、出版業者として永つづきすること、あるいは独立を維持することはむずかしい。出版界の幼児死亡率は、ほかのどんな事業や職業に比べても高いのである」と述べ、出版業の厳しさを指摘している。翻訳者の布川氏と美作氏は、「書物の執筆―編集―製作―販売という、物心両面にわたる複雑微妙な過程に関係あるすべての人びとに、「出版の真実の姿」を理解してもらいたいと志している」とアンウィン著『出版概論』の心を紹介している。

2．編集者の仕事

　"おもしろくて為になる"という講談社流。あるいは、"為になっておもしろい"という小学館流。そのどちらの視点に立つとしても、本や雑誌というメディア（媒体）を通して、同時代を生きる人々へのさまざまなメッセージを送り届ける"編集"という仕事の中で私たちは生きている。

　元々、出版という意味は、「パブリッシング＝何かを公表する」という意味で、編集という意味は「エディット＝何かを生み出す」という意味である。

　たくさんある情報の中から、たった一つのテーマを選んで、著者とともに"本"という紙メディアに託して、未来へのメッセージを送り続けるという視点は、電子パピルスになったとしても同じである。

　"本"には本の優れた特性があり、電子メディアには"電子メディア"の優れた特性があるわけだから、それぞれの特性を生かした共存共生の時代だといえる。

3．編集者の課題と出版の原点

　どんなメディアも、永久に不変であるといえないが、不変ではないけれども"本は不滅である"と、私は信じている。その昔、パピルスに手書きの絵や文字を残してくれた古代人も、活版印刷により本という形で、その意思を現代に伝えてくれた先人たちも、また、電子メディアを駆使する現代の若者たちも、自らの意思を同時代に生きる人々へのメッセージとして託し、"夢"を育んでいることに違いはない。

　電子出版時代とは、「紙以外の電子メディアを通じて、"人の意思"を伝達する時代である」といえる。人は、

それをネオ・パピルスと呼び、あるいは電子パピルスと呼んでいるに過ぎないのである。明治の文豪たちは、インフォメーションの訳語として、"情に報いる"と書いて情報と訳した。情報とは、音声、文字、図形、身振り、手振りを含めた人の意思表示全体を指している。通信（コミュニケーション）とは、「さまざまなメディア（媒体）による意思の伝達」をいう。

　紙メディアを使うにせよ、電子メディアを使うにせよ、それは同時代をともに生きる人々の"心と心"を結びつけ合う媒体の一つを選択することに他ならない。

　氾濫する情報の中から、何を選択し、何を読者に"伝達"してゆくのかという「出版の原点」こそが、今、問われており、"技術"の問題は、その役割を果たすための一手法にしか過ぎないといえる。

　いま、書店の棚にはたくさんの本があり、「本の大きさ、体裁、材料の変化、視覚化、色彩化」など、本についてさまざまなことが学べる。また、多種多様な雑誌からも、その製作技術や表現の仕方を学ぶことが大切である。

　情報のデジタル化と技術革新により登場した電子書籍は、出版が新しい可能性を秘めたデジタルコンテンツとの「共存共生」の時代を迎えたことを物語っている。

出版倫理綱領

われわれ出版人は、文化の向上と社会の進展に寄与すべき出版事業の重要な役割にかんがみ、社会公共に与える影響の大なる責務を認識し、ここに、われわれの指標を掲げて、出版道義の向上をはかり、その実践に務めようとするものである。

1　出版物は、学術の進歩、文芸の興隆、教育の普及、人心の高揚に資するものでなければならない。

2　われわれは、たかく人類の理想を追い、ひろく文化の交流をはかり、あまねく社会福祉の増進に最善の努力を払う。
出版物は、知性と情操に基づいて、民衆の生活を正しく形成し、豊富ならしめるとともに、清新な創意を発揮せしめるに役立つものでなければならない。

3　われわれは、出版物の品位を保つことに努め、低俗な興味に迎合して文化水準の向上を妨げるような出版は行わない。
文化と社会の健全な発展のためには、あくまで言論出版の自由が確保されなければならない。

4　われわれは、著作者ならびに出版人の自由と権利を守り、これらに加えられる制圧または干渉は、極力これを排除するとともに、言論出版の自由を濫用して、他を傷つけたり、私益のために公益を犠牲にするような行為は行わない。

5　報道の出版にあたっては、報道倫理の精神にのっとり、また、評論は、真理を守るために忠実にして節度あるものでなければならない。
われわれは、真実を正確に伝えるとともに、個人の名誉は常にこれを尊重する。
出版物の普及には、秩序と公正が保たれなければならない。われわれは、出版事業を混乱に導くような過当競争を抑制するとともに、不当な宣伝によって、出版人の誠実と品位を傷つけるようなことは行わない。

1957年10月27日

社団法人　日本雑誌協会
社団法人　日本書籍出版協会

2. 出版と編集者、製作者の役割

1. 出版メディアの特徴

　本というメディアは、一冊一冊が独自の価値を持つハードとソフトを兼ね備えた思考型の自由なメディアといえる。

　小林一博氏は『本とは何か』(講談社現代新書) の中で、出版メディアの特徴として、「独自の価値を持つ創作物であること」「価値評価が多様である」「影響力の測定がしにくい」「量より質 (内容) が尊重される」「多品種・少量生産物である」「同一商品を反復購入する例はほとんどない」「出版物は文化性と商品性をもつ」「マスメディアとパーソナルメディアの両面性がある」と述べている。

　また、小林氏は、出版物を他のメディアと比較して、「小規模・小資本での参加が可能である」「委託生産・委託販売である」「時間的・空間的制約がない」「記録性・選択性に富む」「伝達がより正確である」「免許事業ではない」と述べ、生産業でありながら、委託生産 (印刷・製本)、委託販売 (取次・書店) を基本としている出版業の特徴を分析している。

2. 編集者の心得と課題

　本づくりの基本は企画にあり、編集者は本というメディアの育ての親である。

　鈴木敏夫氏は、『基本・本づくり』(印刷学会出版部) の中で、出版人に必要な ABC にふれ、「ABC とは、Art (芸術)、Business (営業実務)、Craft (技術) を略したものです。アート

は、"芸術" と直訳するより、"知的創造力" (企画力に通じる) といった方がいいかもしれません」と芸術家と職人の同居した編集者像を描き、「ABC の 3 つをマスターしてプロ精神に徹して欲しい」と述べている。

　編集の仕事は、一冊の本を世に送り出す全工程にかかわる仕事である。社会的責務を果たす謙虚さと同時に、夢を育てるロマンもまた必要である。

3. 編集者の役割

　(1) 編集者は独創的な著者と出会い、著者と協力して本を育て、同時代を生きる人々へのメッセージを届けるジャーナリストとしての自覚が要求される。

　(2) 編集者は独創的な本を編集し、その著作物の流布 (販売) と普及に努めること。言論・表現の自由は、流通の自由が尊重されて初めて成り立つ。

　(3) 同時代を生きる読者に語りかけ、時代をリードする姿勢が大切である。

　(4) 編集者は企画会議では、「テーマ、執筆者、書名、判型、ページ数、価格、部数」など本の発行のねらいを正確に提案することが大切である。

　(5) 企画要件には、「独創性、類書の調査、読者層の調査、会社のカラー、志と経済性」などが検討されなければならない。

　(6) 現代の編集者は「紙の本 (アナログ)」と「電子の本 (デジタル)」の二刀流が要求されている。

4. 本づくりのコーディネーター（コンダクター）

製作者は"本づくりのコーディネーター"としての役割を担っているといえる。

（1）編集者・著者と打ち合わせる。編集・企画の意図を正しく把握する。

（2）本作りのゴールを見通して、基本プランを作成する。

（3）読者を忘れてはならない。最初に本を開くのは読者である。

（4）自社・他社の類書に目を配る。本は競争相手を持つ商品である。

（5）製作者の頭の中に完成した本の姿が見えているか。

（6）「出版計画表」を作成する。常に企画の基本に立ち帰る。

5. 製作者の仕事は管理、指定、進行と指示、確認

製作者の仕事は、「正確な指定をする」「一貫性を持って全体を管理する」「進行を細かく追う」「的確な指示を、全分野に目こぼれなく行う」「結果を確認する」ことの連続であり、本のでき上がりを見すえることが大切である。

また、本ができ上がったあとの関係者への謝辞などアフター・ケアも大切である。「著者への献本」「製作関係業者への見本献本」「営業・販売との連携」「宣伝・PR」などを遅滞なく行うことが大切である。また、「読者はがきの整理」「読者からの質問への回答」など、次の企画に繋げる仕事がある。

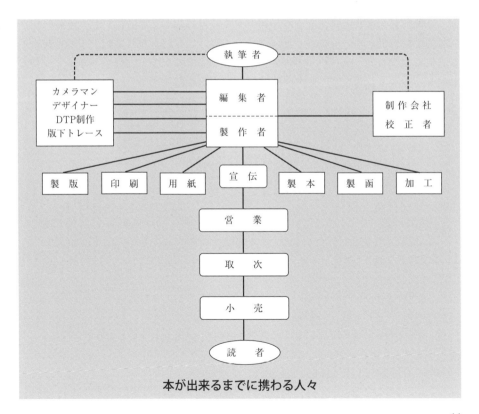

本が出来るまでに携わる人々

3. 企画の立案・企画提案の心得

1. 企画とは何か＝企画の三要素

　若い編集者から、「企画のマニュアル書を作ってほしい」と、よく相談を受ける。しかし、本の製作技術のマニュアル化はできても「企画の立て方」のマニュアル化ほど、難しいテーマはないといえる。

　それは企画の立て方が「どんなジャンルのどんな本か」や「どんな読者層か」などによって、まったくその手法が異なることによる。

　『出版事典』（出版ニュース社）によると、企画とは「書籍・雑誌など特定の出版物について、その内容および形態の全体にわたって、あらかじめ編集計画を立てること」といい、「企画の基礎となるのは、編集方針であって、企画は編集方針の具体化である」と定義づけしている。

　さらに『出版事典』では、企画の内容にかかわる中心的要素として「主題、執筆者（著作者）、表現」の３つをあげている。

2. 神吉晴夫のベストセラー作法十箇条

　カッパーブックスで有名な光文社の育ての親ともいうべき神吉晴夫氏は、ベストセラーづくりの名人といわれる伝説の編集者である。その出版の信念は「自分自身が共感し、読者の共感を誘うものだけを本にしよう」というものだった。

● 神吉晴夫のベストセラー作法十箇条

1. 読者層の核心を二十歳前後におく。
2. 読者の心理や感情のどういう面を刺激するか。
3. テーマが時宜を得ているということ。
4. 作品とテーマが、はっきりしていること。
5. 作品が新鮮であること。テーマはもちろん、文体、造本にいたるまで、「この世ではじめてお目にかかった」という新鮮な驚きや感動を読者に与えるものでなくてはならない。
6. 文章が"読者の言葉"であること。
7. 芸術よりもモラルが大切であること。
8. 読者は正義を好むということ。
9. 筆者は、読者よりも一段高い人間ではないこと。
10. 編集者はあくまでプロデューサー（企画制作者）の立場に立たなければいけない。"先生"の原稿を押し頂いてくるだけではダメである。

（出典：『出版界おもしろ豆事典』塩澤実信著、北辰堂出版）

3. 編集会議と企画書の提案

　本を世に送り出すためには、読者へアピールする前に、編集会議（企画会議）に所定の様式に基づく「企画書」を提案し、その企画の実現化を図らなければならない。

　企画書の内容は、各社さまざまであるが、基本的要素として「書名（仮タイトル）、著者名、著者の経歴・連絡先、企画意図、判型、予定ページ数（予定原稿枚数）、予定価、想定発行部数、予定原稿入手日、予定発行日、類書調査、市場調査」などが含まれていなければならない。

　編集会議は、通常、定期的（月1回、週1回）に行われており、新規企画の議論とともに原稿の入手状況並びに製作の進行具合なども話し合われるケースもある。

　大手出版社では、編集部全員で参加する企画会議と幹部編集者だけで行われる企画会議に分けて運営されるケースもある。

　企画には、編集者（編集部員）の独自の提案「自主企画」と著者からの提案「持ち込み企画」の2種類があるが、いずれにしてもその提案書は、担当の編集者の責任で提案される。

4. 編集会議のあり方

　編集会議に提案された企画案は、審議の結果、「可決・否決・保留」の3つのケースに分かれる。

　可決された企画案は、提案者である編集者を経て、著者に原稿依頼を行うことになる。否決または保留となった企画案は、編集者に戻され、「何が企画として欠如していたのか」再考され、次のチャンスの企画に生かされていくことになる。

　編集会議のあり方は、各社まちまちであるが、そこで、提案される企画の"良し悪し"が、その出版社の命運を担うことになる重要な会議である。

　ここでは、大手出版社の岩波書店における「編集会議の進め方とその意志決定の過程」を元・岩波書店編集長の岩崎勝海氏が日本エディタースクール編『日本の書籍出版社』の中で下のコラムのように紹介されている。

● 岩波書店における編集会議のあり方

　岩波書店では、「週に2回、"編集会議"を開催し、その会議は、編集長（編集担当重役）を議長として、会長、社長、編集顧問、単行本（文系、理系）・文庫・新著・児童書・辞典など各部門の編集長、それに出版（製作）部長、宣伝部長、営業部長など十数人で形成されます」

　岩波書店では、「出版社における企画決定は、出版物という商品の特性から、売れるか売れないかが決定の基準ではなく、出版内容の社会的文化的有用性こそが第一の基準であるとの考えから、"編集会議"における決定権は、社内のその他の案件の決定とは違って、社長でなく、編集長にあるとされています」

（出典：日本エディタースクール編『日本の書籍出版社』、日本エディタースクール出版部）

4. 企画の実現・原稿依頼の心得

1．原稿の依頼

　編集会議で承認された企画は、編集者の責任で執筆者に「原稿を依頼する」ことから、本づくりの第一歩が始まる。

　原稿の依頼にあたっては、企画書を再整理し「書名（仮タイトル）、企画意図、判型、予定ページ数（予定原稿枚数）、予定価、想定発行部数、脱稿予定日、発行予定日、印税率あるいは原稿料の目安、類書調査、市場調査」などを明示して、執筆者に依頼することになる。

　あらかじめ、執筆者とコンタクトが取れている場合には、その依頼はスムーズに進行するが、初めての依頼の場合には、執筆者とのアポイントをあらかじめ取り、直接、お会いして依頼することになる。昨今は、メールなどの利用だけで、本が出来上がるケースがないわけではないが、書籍の執筆依頼には、一冊の本に込める想いを伝えることが大切である。執筆者が遠方の場合や外国出張の場合など、やむなく手紙やメールで依頼を済ませることもあるが、雑誌の短い記事の依頼の場合以外は、電話やメールだけでの原稿依頼はできるだけ避けたい。

2．執筆要綱の作成

　原稿依頼に添えて「執筆要綱」があると、便利である。社内基準の執筆要綱があれば、それを活用するが、なけ

れば編集者が執筆者と相談で作ることになる。

　執筆要綱に定めておくとよい要素には、表記の統一の基準となる「文体の統一」「漢字の使用範囲」「漢字の字体」「仮名づかい」「送り仮名の使い方」「ルビの使い方」「句読点や約物などの統一」「学術用語・専門用語の使い分け」「外来語の表記」「年月日の表記」「単位の表記」「引用文の表記」「文献の表記」「索引の配列」など多くの項目がある。

　これらの表記統一の基準は、原稿整理の基準にもなり、原稿整理段階での作業がスムーズに進行する。

3．執筆の開始前の注意事項
（1）手書き原稿の場合

　昨今は、手描き原稿が激減したとはいえ、手書きで執筆する場合には、必ず、原稿用紙を使用してもらう。原稿用紙は、400字詰め（20字×20行）を使用するのが一般的である。

（2）デジタル原稿の場合

　現在では、圧倒的にパソコンによるデジタル原稿が増加している。この場合、執筆者の機種や使用ソフトのバージョンなどを確認しておくこと。

　デジタル原稿の受渡し方法なども確認しておくとよい（⇒デジタル原稿の注意事項は39ページ、デジタル原稿の入稿の心得は41ページ参照）。

4. 完全原稿の入手と図版・写真原稿 などの入手

原稿は「完全原稿」でいただくのが理想的であるが、内容的にも、形式的にも充分「推敲された原稿」の入手に心がけたい。そのためにも「執筆要綱」が重要であるが、本文原稿の入手とともに図版・写真、目次原稿なども同時に入手できるように打ち合わせておくとよい。

図版、図表や写真原稿は、本文と別進行になるケースが多いので、入手後の管理に充分留意してほしい。また、昨今、写真原稿をインターネットから ダウンロードしてくるケースが増加しており、著作権上の問題に留意する必要があるが、写真の解像度不足で印刷用原稿には適していない。また、印刷物からの複製もモアレ（網点を重ねたときの波紋のこと）ができる要因になり印刷用原稿には不向きである。

索引原稿は、製作に入って適当な時期に作成することになるが、Excel の活用などで簡単にできるようになった。項目を整理したあとの全体の整合性などに充分留意する必要がある（⇒以下、第 2 章「本づくりの基礎知識」を熟読してほしい）。

● 市場調査（マーケティング）の必要性

編集者が著者を選ぶ時の視点は、唯一「売れる本を書いてくれる著者を選ぶこと」といえるが、実際には、さまざまなアプローチがある。

既に、自社から本を出している実績のある著者の場合には、「テーマ」が決まれば、発行時期や脱稿時期など「本づくりの筋道」をお互いに確認しながら、スタートできる。あるいは、話題の新テーマや新しいアイデアに興味を持ち、それを本にしたいのなら、そのテーマの専門家を見つけ、「本にしたい」と申し出る。お互い紆余曲折のうちに話し合いを重ねた結果、方向性が見つかることもある。

企画の立案に伴い、マーケティングが必要になる。マーケティングとは、一般に販売政策の一環として「必要な情報を得るための市場調査」を意味するが、企画の採否、定価（本体価格）の決定や初版部数の決定の基礎となる調査である。

現在では、インターネットの活用で、さまざまな情報が簡単に得られるが、インターネットの情報を「丸写し」した企画書がしばしば見られる。企画情報、販売情報などよく吟味した上で活用することが重要である。そのためには、日常的に『新文化』『文化通信』などの業界紙を通読し、編集者としての見識とチャンネルを広げることが重要である。

マーケティングの基礎資料として、自社に蓄積された過去の類書の販売データの活用を重視することは当然であるが、現在では、紀伊國屋書店の POS データの活用や PubLine の販売データの活用が、初版部数の決定に欠かせない要素となっている。

5. 企画の実現・原稿入手の心得

1. 原稿入手までの仕事

原稿を依頼してから脱稿までの間、編集者は何もしないで「原稿の仕上がり」を待っていればよいということではない。時折、執筆の進行状況を確かめ、時には執筆者から依頼されて、資料やデータなどをまとめたりすることもある。中間段階で原稿の査読を依頼され、感想を求められることもある。一冊の本が出来上がるまで、いわば、執筆者と編集者の関係は「二人三脚」で歩み、本を生み出すパートナーの役割を果たすことになる。

また、ベテランの編集者になると、原稿依頼も年間数十点に及び、その全点に本が完成するまでの目配りが必要になる。依頼どおりに「原稿入手」がスムーズに行くとは限らず、しばしば予定が遅れることになる。そのため編集者は日常的に執筆者とのコミュニケーションを心掛け、原稿に遅れが生じた場合など、執筆者を励ましながらサポートすることになる。

原稿入手が遅れると、当然、発行日の遅れにつながり、会社全体の「出版計画」に支障をきたすことになる。そのため原稿依頼は余裕を持って行い、常に予備の企画を併行して依頼していなければならない。

2. 原稿の吟味・原稿整理

いよいよ原稿が完成し、執筆者から原稿を送られてきたら、まずは、「原稿受領」のお礼の返事を出すことが重要になる。その折に改めて、大まかな発行スケジュールなどをお知らせできればなおよい。執筆者から受領した「原稿」は、その枚数、写真・図版の有無などを確認し、原稿入手を完了することになる。この際、必ず、コピーを取りオリジナル原稿は保存しておくとよい。

企画依頼者である編集者は、著者から受領した原稿が「企画意図に沿ったものであるかどうか」「読者対象にむけてわかりやすく書かれているか」など出版に値するかどうかを充分に吟味し、出版することに決めると、次の原稿整理の作業に移る。

原稿整理（原稿編集）は、企画依頼者がそのまま担当する場合と、原稿整理担当の編集者が行う場合がある。原稿整理の基本となる「執筆要綱」があれば、その要綱に沿って、原稿整理（赤字入れ）することが望ましいが、依頼時に「執筆要綱」を定めていない時は、原稿の内容から、必要最低限の「原稿整理要綱・編集方針」を定めるのが一般的である。

原稿整理が終わると，製作者による"本づくり"（造本設計と原稿指定）の作業に進むことになるが、基本的な作業は、第2章「本づくりの基礎知識」を熟読してほしい（⇒以下、第2章「本づくりの基礎知識」参照）。

● 出版と編集の定義と実際

実務教育研究所などで出版の実務教育に携わられた小林恒也氏の著書に、岩波書店や筑摩書房で活躍された布川角左衛門氏の生涯を描いた『出版のこころ 布川角左衛門の偉業』(展望社刊)という本がある。

同書のなかで、小林氏は、文部省認定社会通信講座『編集・制作講座』(実務教育研究所刊)の発行にあたり、企画編集委員長として執筆された布川角左衛門氏が、美作太郎氏や鈴木敏夫氏らと協力して「編集・制作」の体系化にご尽力された功績を讃え、布川氏の「出版とは何か、編集とは何かを説いた『出版のこころ』」を次のように紹介している。

"出版"とは何か(出所:『出版のこころ』186ページより引用)

「出版とは、著作者または執筆者(編集者、翻訳者、校訂者、画家、写真撮影者などを含む)によってつくられた著作物(文書・図書・図表・写真等)やこれに準ずる資料を原稿として、資材にはおもに紙を用い、主として印刷術によって複製し、製本工程を経て出版物(新聞・雑誌・書籍等)の形態にまとめ、これを発売あるいは頒布する一連の行為である。」

編集の定義と要件(出所:『出版のこころ』188ページより引用)

編集の定義は、まず広義には「ひとつまたはひとつ以上の著作物その他の資料を、公表する目的で、一定の意図(編集方針)のもとに立てられた企画に従って、獲得または収集し、整理・配列して、これを創意的に一定の形にまとめあげる精神的・技術的な仕事を『編集』という」としている。

ここでは、編集の範囲を広く、公表する手段として、頒布(出版物の場合)、放送(テレビ・ラジオの場合)、興行(映画や演劇の場合)などの媒体を想定している。

その編集の要件としては、次の点をあげて解説している。

(1) 編集の素材となるのは、著作物あるいはこれに準ずる資料でなければならない。
(2) 〈ひとつまたはひとつ以上〉というのは、一人の著作物あるいはいくつかの複数の作品をまとめあげて、公表できるような形に整理・配列する作業も含ませるためである。
(3) 編集の目的は、編集したものを公表することにある。
(4) 編集には、一定の意図が伴わなければならない。
(5) 編集には、企画が必要である。
(6) 素材の獲得と収集の手法は、媒体によってさまざまである。
(7) 編集には、創意がはたらかなければならない。
(8) 編集は、精神的・技術的な仕事である。

(以下、省略)

6. 出版流通の基本システム

日本における出版産業の取引は、委託販売制度と再販制度（再販売価格維持制度）の二つの基本的な流通システムから成り立っている。

1. 委託制度の基本

委託制度とは「返品条件付きで、一定の期間内、取次・書店に委託して販売する制度」をいう。この委託制度に買切制や注文制が併用されている。

新刊書は取次の仕入担当者が、必要な部数を仕入れて、自社の配送システムで全国の書店に配本する。

この新刊委託以外の新刊書の追加注文や読者からの注文品、書店の見込み注文などは客注品となり買切制が基本である。

（1）新刊委託（普通委託）：新刊書の委託期間は、取次→小売間は105日（3ヵ月半）、取次→出版社間は6ヵ月。

（2）雑誌委託：月刊誌の委託期間は、取次→小売間60日（出版社→取次間は90日）。週刊誌は、取次→小売間45日（出版社→取次間は60日）。

（3）長期委託：通常6ヵ月程度の普通委託より期間の長い委託品。イベント商品として出荷されるケースが多い（売り切り商品で書店の補充義務なし）。

（4）常備寄託：通常一年間は店頭展示されることを条件に出荷する特定銘柄。税務上、出版社の社外在庫として取り扱われる（書店の補充義務があり）。

（5）買切制：小売書店からの注文による送品（返品なし、注文制）。

（6）予約制：全集や百科事典など長期にわたる高額商品の予約販売（買い切り、返品なし）。

2. 再販制度の基本

再販制度とは、「メーカーである出版社または発売元が、小売販売価格である本の定価（本体価格）を決め、版元・取次・書店間で再販売価格維持契約を結ぶことで、定価で販売をする制度」をいう（独占禁止法23条（注1）に基づく定価販売制度のこと）。

再販商品として指定されている著作物には書籍、雑誌、新聞、レコード、音楽用テープ、音楽用CDがある。現行の再販制度は、6品目に限って定価で販売しても「独占禁止法（注1）の違反にはならない」という除外規定で、次のような特徴がある。

（1）包括再販から部分再販へ：出版社の意思で再販契約を選択できる。

（2）永久再販から時限再販へ：出版社の意思で再販から非再販へ移行できる。

（3）共同実施から単独実施へ：業界の共同実施でなく、個別の契約による。

（4）義務再販から任意再販へ：法定による義務再販でなく、任意の再販制度。

注1：独占禁止法：「私的独占の禁止及び公正取引の確保に関する法律」の略称

委託制度における「出版社→取次→書店間の一般的な取引条件」の基本

表1　委託制と取引条件　　　　　　　　　　（出所：日本書籍出版協会「出版営業入門」）

		出版社⇔取次		取次⇔書店	
		委託期間	請求期日	委託期間	請求期日
書籍新刊委託		6ヵ月間	6ヵ月目 （条件支払いあり）	3ヵ月半 （105日間）	翌月請求
雑誌委託	月刊誌	3ヵ月間	3ヵ月目	2ヵ月間 （60日）	翌月請求
	週刊誌	2ヵ月間	2ヵ月目	45日間	翌月請求
長期委託		例:7ヵ月間	9ヵ月目	6ヵ月間	8ヵ月目
		8ヵ月目に請求		7ヵ月目に請求	
常備寄託 （1年以上）		例：13ヵ月間	15ヵ月目	12ヵ月間	14ヵ月目
		14ヵ月目に請求		13ヵ月目に請求	
買切・注文		一番近い 締切日 （10日又は25日）	翌月15日 又は月末 （平均42.5日）	月末又は 15日締切り （取次会社ごと）	翌月の月末 又は15日
繰延勘定 （買切扱い）		例：3ヵ月延勘	4ヵ月目	3ヵ月延勘	4ヵ月目
		3ヵ月目に請求		3ヵ月目に請求	

　1．取引の基本は「委託販売」であるが、書店に対する請求は、実際には「翌月から発生する」。

　2．委託品の「条件支払い」とは、精算期日を待たずに、取次から出版社に支払われる仮支払のことをいう。この仮支払いが、出版社のつなぎ資金となるため、「新刊点数」の増大の一要因になるとの批判がある。

　3．買切制：締切日にいろいろあるが、原則「翌月請求」となる。委託品以外の商品、注文品・店頭補充品も買切品扱い（→「返品条件付き買切」という奇妙な習慣もある）。繰延勘定（延勘）とは、支払いを繰り延べ支払いにする制度である。

　4．取引の基本となる出版社ごとの取引正味は、出版社と取次間の契約で決まる。一般に取次の基本マージンは、8％である。今、本体価格「1000円」の本の取引を想定すると、出版社の出し正味が70％であれば、それが取次の仕入れ正味となり、それに8％を加えた78％が取次の出し正味となる。その商品を書店が78％で仕入れ、消費税を加えた「定価：本体価格＋税（1100円）」で読者に販売することになる。

　5．取次の仕入れ正味62％の低正味は地図帳などに適用され、仕入れ正味80％の高正味は医学書など一部の出版社に適用され、文庫は一般に68％が適用される。

　6．新規取引の場合は、68〜69％で「委託送品歩戻し5％、客注品20〜30％の6ヵ月間支払い保留」など低い取引条件となる。

　7．定価別段階正味を適用する場合は、「780円以下で69→77％、780〜1700円以内は70→78％、1700〜4200円以内は71→79％、4200円以上で73→81％となる。

7. 出版流通の現状と課題

1. 出版流通の現状と取次の役割

　取次―書店ルートは、日本の全出版流通の65％のシェアを担うメインルートである。大手取次の一日あたりの業務量は、書籍が220万冊、雑誌が450万冊に及ぶという。

　取次は、「仕入れ・販売機能、物流機能（配達・調整・倉庫）、情報流通機能（販売データの提供）、集金・金融機能」などのさまざまな機能を有している。

　日本の取次機構が雑誌の配本を中心に発達し、大量の雑誌配本と新刊書の配本を全国一斉に「一定マージン（通常8％）」で送ることのできる「世界に類を見ない配送システム」であることはよく知られているが、「一冊一冊の客注品」の対応には向かず、読者から見れば「欲しい本が手に入らない」「客注品が遅い」が出版流通に対する二大不満にさえなっている。

　この「客注対応型の書籍流通の必要性」が出版業界の共通の夢であり、大手取次の「客注専用システム」の稼働などにより改善されつつある。

　一方、さまざまなタイプのインターネット書店が登場し、「客注対応型流通システム」として、一定の役割を果たしている。2018年のインターネット書店の販売額は、2094億円に達したと見られ、出版物推定売上げ1兆5493億円の13.5％程度にまで成長してきた（『出版物販売額の実態2019』（日販））。

　現在、日本出版取次協会加盟社は、トーハン、日販、楽天ブックスネットワーク（旧大阪屋・栗田）、中央社、日教販など20社である。

　トーハン・日販の二大取次による寡占化の進行は、主要取次の扱い高の80％に及ぶ。また、大手取次の日常的な主要取引書店は8000店に及ぶ。

　取次は、出版社と書店の取引の中間に存在し、出版社から仕入れた商品を書店に販売する代行卸業の役割をもち、取引の基本は委託販売となる。そのため運転資金需要は少ないといえるが、金融機能を有し立替支払いが発生する。また、物流機能拡充のための投資が大きく流通コストが大きいため、薄利多売の損益構造といえる。

　大手取次の物流システムは、大量の雑誌配本と多数の新刊配本を中心に構築されている。その大量の出版物を適宜に配本するために、大手取次では、それぞれの書店の規模・立地条件や販売実績などに基づき、コンピュータによるシミュレーション配本が行われている。新刊配本の仕入れが終わり、商品が入荷されると、配本、送品伝票の作成、出荷計画が決定され、発送、梱包、仕分とコンベヤによる流れ作業が行われ、大量の書籍が全国の書店に配本されてゆく。

　現在の出版流通に欠かせないのが短冊（スリップ）で、短冊は、売上伝票とも呼ばれ、出版流通現場では、「販

売記録、販売回数記録、注文票、ピッキング指示、注文品送付票、事故伝票、報奨金制度」など多様な役割で使われている。その一方、POSレジの普及に伴い、「スリップレス化」も進行しつつある。

委託制度下における出版物流は限界を迎えており、「プロダクトアウト型の産業構造から、マーケットイン型に転換すべき」との意見さえ、大手取次の経営陣から提唱されている。

2. 多様化する出版流通

『2019　出版物販売額の実態』（日販発行）によると、推定出版物販売金額1兆5493億円、ルート別の出版物販売推定額は、書店ルート9455億円（構成比61％。）、インターネットルー

ト2094億円（構成比13.5％）、CVSルート1445億円（構成比9.3％）、その他取次経由ルート528億円（構成比3.4％）、出版社直販1971億円（構成比12.7％）となっている。

書店ルートとは、書店を経由して販売された出版物推定販売額をいう。

CVSルートとは、コンビニエンスストアを経由して販売された出版物推定販売額をいう。

インターネットルートとはインターネット専業業者を経由して販売された出版物推定販売額をいう。

その他取次経由ルートとは、駅販売店（鉄道弘済会）ルート、生協ルート、スタンドルートを経由して販売された出版物推定販売額を合算した額をいう。

出版物取次倫理綱領

わたくしども出版物の取次販売にたずさわるものは出版物が文化の向上と社会の進歩に寄与する使命を深く認識し、出版界全体の発展を念願して次の如き綱領を掲げその実践を期するものである。

職能の理想と倫理

一. 出版物の取次販売にたずさわるものはその職能の使命と責任を自覚し、誠実を旨としてその任務を果たさねばならない。わたくしどもは出版社の信頼する販売機関としてその機能の発揮に最善をつくす。わたくしどもは書店の適確な仕入機関としてその機能の発揮に最善をつくす。わたくしどもはつねに緻密な市場調査をもととして正確な需給調整を期する。

公益尊重の倫理

二. 出版物の取次販売にたずさわるものは出版の使命に照らし、積極的に普及浸透を計ると共に公益尊重に意を注がねばならない。わたくしどもは出版物を求める人々のため都鄙遠近を問わず迅速確実に入手出来るようにつとめる。わたくしどもはたえず良書に対する人々の関心を高めその普及につとめる。わたくしどもは出版の自由を尊重するとともに世論が好ましくないと認める出版物の取扱いについては慎重を期する。

共存共栄の倫理

三. 出版物の取次販売にたずさわるものはつねに公正な取引秩序を守り、その機能の充実を計らねばならない。わたくしどもは出版社─取次─書店の販売組織の発展を期する。わたくしどもは出版社・書店とともに適正利潤の下で進んで任務を遂行する。わたくしどもは取引の秩序と正しい商慣習を守り出版界全体の安定と成長をはかる。わたくしども取次販売にたずさわるものは時代とともに取次機能の近代化をすすめ、出版界全体の発展を通じて社会・文化・公共に寄与せんとするものである。

1962年4月16日

社団法人　日本出版取次協会

8. 出版産業の現状

1. 推定販売金額と成長率

出版科学研究所の『出版指標年報』によれば、2018年の取次ルートを経由した出版物の推定販売金額は、紙と電子を合わせ1兆5400億円（前年比3.2%減）で、書籍と雑誌を合わせた紙の市場は、1兆2921億円（前年比5.7%減）で14年連続のマイナス成長、書籍は6991億円（同2.3%減）、雑誌は5930億円（同9.4%減）の前年割れとなった。

1960年代から75年までは2桁成長、76年から96年までは1桁成長、97年から連続のマイナス成長で、2004年にわずかにプラス成長となったが、2005年以降は再びマイナス成長となった。

出版市場の推定売上が1兆円を突破したのが1976年、2兆円を突破したのが1989年のことである。70年代の初めに、雑誌の売上げが書籍の売上げを追い越し「雑高書低」時代が到来、その後、1996年までは出版産業の成長の推進力となったが、雑誌の成長にかげりが見え、再び「書高雑低」となった。

80年代の10年間の成長率は40.4%、90年代の10年間の成長率は、わずかに5.1%で、2018年の推定売上は、1996年のピーク値2兆6563億円の58%（電子の売り上げを含む）に落ち込んだ。

〈注〉この販売金額には消費税は含まれておらず、推定販売部数を本体価格で換算した金額「取次出荷額－小売書店から取次への返品額」で示されている。

2. 推定販売部数と返品率

書籍の推定販売部数で見ると、1988年の9億4349万冊がピークで、2018年は、6億8790万冊でピーク比72.9%まで減少している。新刊発行点数は、2018年には7万1661点（取次仕入窓口扱い5万859点＋注文扱い2万802点）と再び増加した。1日280点近い新刊書が、書店に配本されていることになる。

新刊点数の増大が、新刊委託の展示期間を著しく縮め、「返品率の増大」の一要因であることは、事実であるが、書籍返品率の推移を見れば、新刊点数の増大と返品率の相関関係は必ずしもない。書籍返品率が40%前後と高い主要因には、委託制度下における取次・書店間の取引条件が強く反映している。

新刊委託品は、「出版社・取次間で6ヵ月、取次・書店間で3ヵ月半」であるが、委託品に対する取次からの書店に対する請求は、通常、納品の「翌月から100%」行われている。つまり、日本における「書籍の委託制度」は、「返品条件付の売買契約」であり、書店側からすれば、「6ヵ月後に精算される」とはいえ、「過払い」にならないように、「新刊書の返品を急ぐ結果」が、恒常的な「返品率の高さ」の主要因となっている。なお、大手版元など300社ほどの出版社には、納品の翌月には「一定の条件支払い」が行われており、マイナス成長下にもかかわらず、新刊点数の増大を招いている。

資料　出版産業の現状

資料1　書籍・雑誌の推定販売金額・返品率

	書籍[億円]	前年比[%]	返品率[%]	雑誌[億円]	前年比[%]	返品率[%]	総合[億円]	前年比[%]
2001	9,455	-2.6	39.1	13,793	-3.3	29.4	23,249	-3.0
2002	9,489	-0.4	37.7	13,615	-1.3	29.4	23,105	-0.6
2003	9,055	-4.6	38.8	13,222	-2.9	31.0	22,278	-3.6
2004	9,429	4.1	36.7	12,998	-1.7	31.7	22,427	0.7
2005	9,197	-2.5	38.7	12,767	-1.8	32.9	21,964	-2.1
2006	9,325	1.4	38.2	12,199	-4.4	34.5	21,525	-2.0
2007	9,025	-3.2	39.4	11,827	-3.1	35.2	20,853	-3.1
2008	8,878	-1.6	40.1	11,299	-4.5	36.5	20,177	-3.2
2009	8,491	-4.4	40.6	10,863	-3.9	36.2	19.355	-4.1
2010	8,212	-3.3	39.0	10,535	-3.0	35.5	18,748	-3.1
2011	8,198	-0.2	37.6	9,344	-6.6	36.1	18,042	-3.8
2012	8,013	-2.3	37.8	9,385	-4.7	37.6	17,398	-3.6
2013	7,851	-2.0	37.3	8,972	-4.4	38.8	16,823	-3.3
2014	7,544	-4.0	37.6	8,520	-5.0	40.9	16,064	-4.5
2015	7,410	-1.7	37.2	7,801	-8.4	41.8	15,220	-5.3
2016	7,370	-0.7	36.9	7,339	-5.9	41.4	14,709	-3.4
2017	7,152	-3.0	36.7	6,548	-10.8	43.7	13,701	-6.9
2018	6,991	-2.3	36.3	5,930	-9.4	43.7	12,921	-5.7

（出所：「出版科学研究所 / 出版指標年報」：推定販売金額は推定販売部数を本体価格で換算した金額、返品率は金額返品率）

資料2　書籍の推定販売部数・推定販売金額・新刊点数・平均価格

	推定販売部数			推定販売金額		書籍新刊点数		書籍平均定価	
	[万冊]	前年比[%]	返品率[%]	[億円]	前年比[%]	点数	前年比[%]	[円]	前年比[%]
2001	74,874	-3.2	39.1	9,455	-2.6	69,003	2.2	1,206	-0.1
2002	73,909	-1.3	37.7	9,489	0.4	72,055	4.4	1,228	1.8
2003	71,585	-3.1	38.8	9,055	-4.6	72,608	0.8	1,210	-1.5
2004	74,915	4.7	36.7	9,429	4.1	74,587	2.7	1,209	-0.1
2005	73,944	-1.3	38.7	9,197	-2.5	76,528	2.6	1,194	-1.2
2006	75,519	2.1	38.2	9,325	1.4	77,722	1.6	1,176	-1.5
2007	75,542	0.0	39.4	9,025	-3.2	77,417	-0.4	1,131	-3.8
2008	75,126	-0.6	40.1	8,878	-1.6	76,322	-1.4	1,125	-0.5
2009	71,781	-4.6	40.6	8,491	-4.4	78,555	2.9	1,123	-0.2
2010	70,233	-2.2	39.0	8,212	-3.3	74,714	-4.9	1,110	-1.2
2011	70,013	-0.3	37.6	8,198	-0.2	75,810	1.5	1,118	0.7
2012	68,790	-1.7	37.8	8,013	-2.3	78,349	3.3	1,112	-0.5
2013	67,738	-1.5	37.3	7,851	-2.0	77,910	-0.6	1,103	-0.8
2014	64,481	-4.8	37.6	7,544	-4.0	76,465	-1.9	1,116	1.2
2015	62,633	-2.8	37.2	7,410	-1.7	76445	0.0	1,126	1.1
2016	61,769	-1.4	36.9	7,370	-0.7	75,039	-1.8	1,138	0.9
2017	59,157	-4.2	36.7	7,152	-3.0	73,057	-2.6	1153	1.3
2018	57,129	-3.4	36.3	6,991	-2.3	71,661	-1.9	1164	1.0

（出所：「出版科学研究所 / 出版指標年報」：推定販売金額は推定販売部数を本体価格で換算した金額、新刊点数は1995年から新統計）

9. 出版社の現状・書店の現状

1．出版社の現状

　出版ニュース社の『出版年鑑2018版』によると、2017年の出版物の総売上は、1兆4406億円となっている。

　現在、活動している出版社数は3382社であり、これらの出版社のうち、410社が日本書籍出版協会に加盟している。

　日本の出版界の90％が中小零細出版社であり、そして、その76.7％の2595社が東京に集中しており、次いで大阪129社、京都111社、神奈川79社、埼玉48社、愛知46社、千葉42社、北海道32社、兵庫28社、福岡26社などとなっており、首都圏と関西圏に集中している。なお、2000社に及ぶ編集プロダクションがある。

　規模別に見ると、従業員数10名以下が1747社、11名から50名までが737社、51名から100名までが172社、101名から200名までが127社、201名から1000名までが103社、1001以上が25社などとなっている。

　会社形態で見ると、株式会社が2333社、有限会社が308社、個人が124社、社団法人が127社、財団法人が94社、公益社団法人が58社、一般社団法人が114社、公益財団が55社、任意団体が75社、宗教法人が25社、同人が19社、学校法人が28社、合資会社が8社、独立行政法人が8社、その他（生協、協同組合、NPO法人）16社となっている。

　資本金別に見ると、500万円以下が304社、501万円〜1000万円以下が1086社、1001万円から3000万円以下が489社、3001万円から5000万円以下が218社、5000万円から1億円以下が220社、1億円以上が163社となっている。

　また、同資料によると、新刊発行点数は、7万5412点で年間10点以上発行した出版社数は976社であった。

　部門別発行点数は社会科学書18.8％、文学書17.5％、芸術書16.4％、技術書10.1％、自然科学書8.9％、児童書6.7％、歴史書6.0％となっている。

　ニッテン及び日販書店経営支援チームの調査資料によると、2015年の出版社の売上額順位は、出版社3789社の取次・書店ルート以外の売上げを含む正味分の総売上げが1兆7922億円で、上位5社で27.0％、上位50社で51.9％、上位100社で65.2％、上位300社で84.7％、上位500社で91.4％、上位1000社で97.7％と上位300社に80％以上の売上げが集中している（出所：『出版ニュース』2016年10月中旬号）。

　この相反する「2つの様相」は、「出版社は机と電話があれば出来る」といわれるほど、その設立は安易だが、経営を安定させるのは、並大抵のことでないことを物語っている。

　矢野経済研究所発行の『出版社経営総鑑』では、現在を「活字素通り時

代」と位置付け、デフレ不況下の出版市場のマイナス要因に「ネット・マルチメディア化、ゲーム・ケイタイ、少子化、不況（図書館利用増大）、新古書店、書店廃業、販売流通システム」などの要因を上げている。

2. 書店の現状

　書店調査会社アルメディアの資料によると、2000年には、2万1495店あった書店数は、2019年5月現在の書店数は1万1446店（前年比580店舗減）となり、この19年間に7割以上の書店が新規店に入れ替わったという。

　日本の書店の平均坪数は110坪程度で小さな書店の集合体といえる。その内の3112店（加盟率27.2%）が、日本書店商業組合連合会に所属している。

　2003年の1673店舗減をピークに毎年500店舗近くの書店が転廃業を余儀なくされている一方で、大型チェーン店などの新規出店が続き、総売り場面積は増大してきており、300坪以上の大型書店のシェア（34.8%）が増大してきている。

　新規店とほぼ同数の500店舗の小売店が消えてゆくということは、毎日1.5店舗以上の書店が、日本の町から消えて行ったことになり、「出版流通の最前線」で、異常が発生していることの現実は恐ろしいものがある。

　日本の書店は、委託販売制度に基づく、雑誌とコミックス中心の販売で成り立っており、この2つのジャンルで売り上げの50%を以上を維持し、利益を上げてきた。欧米の書籍中心の「Book Store」との違いがここにある。

　マイナス成長下での書店を取り巻く厳しい経済環境には「再販制度（定価販売制度）の揺らぎ」「ポイントカードの普及によるマージン率の実質低下」「新古書店やマンガ喫茶の進出」「公共図書館の貸出数の増大などによる売上減」「消費者の携帯電話による通信費の増大」「一店舗平均年間200万円に及ぶ万引の影響」などの要因が考えられる。

　一方、独自路線をとるアマゾンに代表される大手ネット通販による売り上げシェア増大により、日本のリアル書店の置かれる状態は、ますます苦境に立たされている。

出版販売倫理綱領

われわれ出版物の販売に携わる書店人は、出版物が国民の教育・文化を向上させ、社会の発展に欠かせないものという重要な役割を深く認識し、出版物の普及にかかわる書店業界の発展を願って、次の信条を掲げてその実践を期する。

1. われわれ書店人は、出版物の社会的使命の重要性を深く認識し、その円滑な普及に努める。
2. われわれ書店人は、日本国憲法で保障された言論と出版の自由を擁護する。
3. われわれ書店人は、出版物の販売にあたり青少年の健全育成に配慮するとともに、積極的に読書推進運動を展開する。
4. われわれ書店人は、読者の要望に応えて出版物の迅速な入手に努め、誠実に販売の使命を遂行する。
5. われわれ書店人は、再販制度を遵守するとともに、出版社、取次会社、小売書店が平等の立場で意思の疎通を図り、協調して所期の目的を達するよう努める。

1963年10月18日制定
2004年2月19日全面改正
日本書店商業組合連合会

10. 本の定価を考える

1. 本の定価と原価

2005年の日本書籍出版協会の『書籍の出版企画・製作に関する実態調査』では、直接製造原価の平均3倍に出版社の定価付けが収斂しており、1978年の公正取引委員会の調査資料によると、直接製造原価の2.45倍が平均的な定価付けとなっている。

今、仮に本体価格1000円の本を考えると、直接製造原価は330円～360円程度（総合原価は480円程度）、版元の卸値正味が700円、取次のマージンが本体価格の8％程度だから、書店への出し正味は780円ということになる。書店の平均マージンは、22％～24％程度というのが、日本の出版流通のシミュレーションになる。その中から書店は人件費を含む販売経費を負担するわけで、書店の平均利益率は0.5％以下とたいへん厳しい状況になっており、マージンの改定が望まれている。

再販制度の下で、低いながらもマージンが安定していたからこそ、値引き競争に巻き込まれないで出版界全体が成り立ってきた。いま、「本の原価」を諸外国と比較できるデータの裏付けはないが、大幅な値引きに応じられる背景には、当然のことながら、大幅な流通マージンが確保されているということになる。そうすると、定価決定のしくみにも当然大きな変化が起こり、少なくとも直接製造原価の5～6倍の定価設定ということになり、「見かけ上の定価が大幅に上がり」、かえって消費者の利益が損なわれるとも考えられる。

2. 本の定価と消費税

1989年の消費税導入時、出版業界は、定価表示をめぐり「内税か外税」で大揺れし、内税を採用した。その結果、多くの在庫品の「定価表示」の変更のため、カバー・帯・売上げカードなどに一社あたり3623万円（日本書籍出版協会調べ）もの多額の無駄な出費を強いられ、やむなく絶版にせざるを得ないなど経済的にも文化的にも大きな痛手となった。

1997年の「消費税率5％に引き上げ」の際、本体価格を基本に、書籍は「外税表示」（本体価格＋税）、雑誌は「内税表示」を採用し、税率変更に伴う無駄な出費を強いられることのない定価の表示方式となった。

価格表示について、「消費税を含めた総額表示（内税表示）」を義務付ける「税制改正法」が可決され、2004年4月1日から、「総額表示」が義務付けられている。その後、消費税が「8％」に、2019年10月には「10％」に改定された。出版業界では、スリップの突起部分に、「総額」を表示する対応をとっており、特別措置として、2013年10月1日から、2021年3月31日まで、総額表示の義務が免除（税込価格の表示は不要）となっている。

本の原価と定価の考え方

(1) 本の原価構成の要素

　本のコストを分析すると、直接費と間接費に分けられる。直接費の中には、固定費（部数に関係なく掛かる費用）として、組版代、製版代、図版代、装幀代や編集・校正費などがあり、変動費（部数にほぼ比例して掛かる費用）として印刷費、製本費やその他の材料費、印税などがある。

　その他にもさまざまな間接費が発生するが、通常、印税までの本の製作に掛かる直接製造原価を基に定価は決められる。

直接費	固定費：組版費、製版費、図版費、装幀費、編集経費など。
	（部数に関係なく掛かる費用）
	変動費：印刷費、製本費、材料費など。
	（部数にほぼ比例して増減する費用）
	印　税（原稿料）
間接費	販売費、宣伝費、倉庫料、運送料など。
	間接経費：人件費、福利厚生費、事務用品費、交通旅費、
	通信費、減価償却費、損害保険料、家賃、地代、金利など。

(2) 定価計算の手順

　本の定価（本体価格）の決定要素にもさまざまな要素があるが、一般的には、発生費用を積算するコストプラス方式が主流で、直接製造原価の2.5～3倍程度を目安に決定されるケースが多い。言い換えれば、初版の原価率は45％程度、重版の原価率を35％程度とするケースが多い。

　次に考慮されるのが、購買意欲や類書の市場価格から、逆算して定価を考えるプライスライン方式で、この2つの要素の兼ねあわせで、本の定価（本体価格）が決定されることが多い。

　●書協調査「書籍の出版企画・製作等に関する実態調査」(2005年版より)

　(1) 本体価格を決定する際の考慮事項

　「直接製作費（用紙、印刷、製本費）」「印税・原稿料等」「初版販売見込部数」「類書の本体価格」「編集費」「外注費」「読者層」「編集人件費」「宣伝・広告費」「内容の価値」「重版販売見込部数」「販売経費」「編集・製作に要する時間」の順

　(2) 初版の本体価格は、平均して直接制作費のほぼ何倍になるか。

　アンケート結果では、0.5倍から8～9倍まで分散しているが、「2.5倍(7.6％)」「3倍(26.7％)」「4倍(11％)」「5倍(22％)」に収斂している。

11. デジタル化の進行と電子書籍

1. 印刷の技術革新

1970年代の初め、大手印刷を中心に大型コンピュータが導入され、活版からオフセット印刷に切り替わり始めた。印刷現場では「ホットタイプよ、さようなら。コールドタイプよ、今日は」が流行していた。1980年代の初めには、CTS（電算写植）が普及し、中小印刷のコンピュータ化が進行した。

1995年以降、編集現場では、DTP（デスク・トップ・パブリシング）による電子組版が急速に広まり、印刷現場ではDTP全盛時代が到来した。

2000年の初めには、CTP印刷が普及し始め、フィルムレス印刷の時代を迎えつつある。また、1部からでも印刷可能なオンデマンド印刷が開発された。

2. コンピュータを持った編集者たち

1981年の読書週間に合わせて、日本語ワードプロセッサを利用した本の編集が始まり、電子編集（EP）の幕開けとなった。ワープロの登場とともに編集の電子化が急速に進んだが、現在、専用ワープロは、パソコンの急速な普及により、製造中止となっている。

1985年にアップルコンピュータのMac誕生、アルダスによるDTP概念の確立、アドビによるポストスクリプトの開発と3社の新技術が出そろい、3A3社による「DTP宣言」が提唱され、DTP時代の幕開けとなる。

DTPの機能を言い表す概念に「ウィジィウィグ（WYSIWYG）」という言葉がある。レーザープリンタやイメージセッターにより、「見たままの画面をそのまま版下（フィルム）として得られる」ということを意味した。

今日では、CTP印刷が主流となり、プリプレスの作業では、DTPは編集に欠かせないシステムへと成長した。

3. 電子メディアの発展

1980年代の初め、さまざまなニューメディアが登場し、データベースを利用したオンライン出版やFD（フロッピーディスク）などのパッケージメディアが開発された。そして、80年代の半ばにコンパクトディスクを利用した読み取り専用メモリーCD-ROMの登場により電子出版の幕開けとなった。

4. 電子書籍時代の到来

インターネットの発展とともにネットや携帯電話による電子書籍の供給が急増しており、DVDなどさまざまな電子メディアも発展している。

2010年は、「電子出版元年」と呼ばれ、液晶や電子ペーパーを使った新しい電子書籍端末機が相次いで登場し、今日では、インターネットを使った配信型電子書籍時代の到来となった。

一方、「紙の本」は、1996年をピークに、市場は縮小の一途をたどった。

電子書籍の市場規模

　2010年は「電子出版元年」と話題になり、アップルのタブレット型端末「iPad」の上陸を契機にアマゾンコムの「Kindle」やバーンズ＆ノーブルの「ヌック」など新しい電子書籍端末が発売され、市場は活性化し始めた。

　電子出版の統計に関しては、インプレス総合研究所の『電子書籍ビジネス調査報告書』のデータが広く使われてきたが、その2019年版では、2018年度の電子書籍市場規模を2826億円と推計し、2017年度の2241億円から585億円（26.1%）増加、電子雑誌市場規模は296億円（対前年比6.0%減）と初めてマイナス成長となり、電子書籍と電子雑誌を合わせた電子出版市場は3122億円（対前年比24.7%増）としている。

表1　電子書籍市場の売上高の推移

年度	電子書籍	前年比	電子雑誌	前年比	電子出版市場合計	前年比
2010年度	650億円	―	6億円	―	656億円	―
2011年度	629億円	96.7%	22億円	333.6%	651億円	99.2%
2012年度	729億円	115.8%	39億円	177.2%	768億円	117.9%
2013年度	936億円	128.4%	77億円	197.4%	1013億円	131.9%
2014年度	1266億円	131.8%	145億円	188.3%	1411億円	139.2%
2015年度	1584億円	125.1%	242億円	168.9%	1826億円	129.4%
2016年度	1976億円	127.4%	302億円	124.8%	2278億円	124.7%
2017年度	2241億円	113.4%	315億円	104.3%	2556億円	112.2%
2018年度	2826億円	126.1%	296億円	94.0%	3122億円	122.1%

出所：『電子書籍ビジネス調査報告書2019』より引用（インプレス総合研究2019）

　出版科学研究所の『出版指標年報（2019年版）』によると、2018年の電子書籍の市場は電子書籍321億円（前年比10.7増）、電子コミック1965億円（同14.8%増）、電子雑誌193億円（同9.8%減）、電子市場の合計は2479億円（同11.9%増）と発表している。

　なお、インプレスの統計では、「年度」が基準になっており、出版科研の統計では「暦年」が基準になっている。また、電子書籍という定義そのものが違っており、インプレスの統計では「文字もの（文学、評論など）」と「コミックス単行本」の合計を電子書籍としているのに比べ、出版科研のデータでは「文字もの」を電子書籍に、「コミックス」は電子コミックと集計している。

　また、『出版指標年報』（2019年版）では、取次ルートを経由した紙媒体の出版物推定販売金額については、2018年（1月～12月期）は、前年比5.7%減の1兆2921億円と発表しており、金額ベースでは、同511億円のマイナスとなった。

　内訳は、書籍が6991億円（前年比2.3減）、雑誌が5930億円（同9.4%減）と落ち込みが激しく、雑誌分野のなかで、月刊誌（週刊誌を除く、ムック、コミックスを含む）は同9.3%減、週刊誌は同10.1%減となり、「書高雑低」傾向が一段と進み、書籍の販売金額を下回った。「紙の本や雑誌」はいっそう厳しい状況が明らかとなった。「紙と電子」の合計では、1兆5400億円（同3.2%減）と公表している。

　今後は、産業構造の変化に伴い、「紙＋電子」の総合で出版産業の動向を見ることが大切である。

12. 電子書籍を考える

1. 今後の電子書籍の売り上げ規模

『電子書籍ビジネス調査報告書』では、2018年度の電子書籍の売り上げ規模が、好調に推移した要因を次のように分析している。

同報告書は、この主な要因は、「社会問題化していた海賊版サイトが2018年4月に閉鎖されて以降、多くの電子書籍ストアが多額のマーケティング予算を前倒しで投入したこと、結果的には海賊版サイトが電子書籍の認知度向上につながったことも遠因となり、新規ユーザーの増加や平均利用金額の増加につながり、売上は劇的に拡大しました」と分析している。

同報告書では、今後もこの傾向は続くと予想しており、「電子書籍の市場は、5年後の2023年度には、1.5倍の4330億円程度、電子雑誌も合わせた電子出版市場は4610億円程度」に成長すると予測している。

だが、電子雑誌の伸びに陰りが見えることや電子書籍市場の84.5％がコミックであることを考慮すると、文字系の電子書籍の未来は、必ずしも明るい話題ばかりではない。

2. 「紙の本」と「電子の本」の共生

電子書籍が好調とはいえ、「紙の本」の主役の座は変わらない。「紙」か「電子」かの二者択一の道ではなく、共存共生の道を歩むことは間違いない。

だとすれば、出版社の歩む道も編集者のスキルも「紙」と「電子」のに二刀流でなくてはならない。

ここで、改めて、「紙の本」の特徴と「電子の本」の特徴を考えてみたい。

次頁のコラムは、湯浅俊彦著『電子出版学入門〈改訂3版〉』の「6.7 紙の本のゆくえ」に書かれた「紙の本」と「電子の本」の比較である。

「電子の本」の最大の弱点は、電子端末機の表示装置の特性に左右されることである。一覧性があり、長年にわたり親しまれてきた「紙の本」ほど優れた表示装置はまだ存在しないといえる。

アメリカの電子書籍の主流のフォーマットである「epub」が普及すれば電子書籍は、飛躍的に発展すると思われていたが、「epub」には、ページ概念がなく、電子端末機の表示装置の大きさに合わせて字サイズが変更できるというメリットはあるが、図版の多い専門書や複雑なレイアウトの版面構成は無理があるという欠点がある。

DTPの普及により出版社の内部で、「紙の本」の電子化が行え、InDesign などの組版システムで、pdf ファイルやepub ファイルの書き出しが行える今日、「電子の本」の編集技術は、編集者のスキルの一つになったといえる。

同時に「紙の本」を「電子の本」に置き換えるだけではない「電子の本」ならではのコンテンツの開発が望まれている。

紙の本のゆくえ

　湯浅俊彦氏の分析によると、「紙媒体」と「電子出版物」のそれぞれの優位性について、次のように指摘している。(『電子出版学入門〈改訂3版〉』より)

■　紙媒体の出版物の優位性

電子出版物の登場によって、紙媒体の出版物の優位性が次のように判明した。

（1）機器を用いずに読むことができる。

（2）目が疲れにくい。

（3）持ち運びが簡単で、読むための時間や場所が限定されない。

（4）ページ概念がある。

（5）文書の量が簡単に把握でき、好きなページを瞬時に開くことができる。

（6）書き込みやアンダーラインを引くことができる。

（7）書架に置いても背表紙で確認でき、読んだ本を空間配置できる。

（8）装丁や紙の手ざわりなど質感によって記憶に残る。

（9）著作権関係が簡明で、古本として転売しやすい。

（10）行間を読むことや味わいながら読むことができる。

■　電子出版物の優位性

その一方で電子出版物には下記のような利点がある。

（1）本文の検索ができる。

（2）最新の情報が入手できる。

（3）必要な情報だけを入手することができる。

（4）文字情報だけでなく、音声、静止画、動画を収録することができる。

（5）引用や参考文献などにリンクすることができる。

（6）流通コストを低減し、価格を安くすることができる。

（7）大きなデータを搭載することができる。

（8）文字を拡大したり、音声読上げソフトを利用することができる。

■　紙と電子の共存へ

　つまり紙か電子かという二者択一ではなく、出版コンテンツによって棲み分けが行われることになるのである。そしてネット上のさまざまな情報の中で、校閲を経た信頼度の高い電子出版物は、非常に重要なメディアであり続けることは疑いえない。

13. インターネット時代と出版

1. インターネットと出版

　インターネットを利用した電子書籍出版の試みはさまざま行われているが、一番大きな変化は、情報の送り手と受け手の差がなくなり、Webサイトなどを利用して、ユーザー（読者）が同時に情報の発信者になったことである。

　この現象を本の流通の世界に置き換えて考えてみれば、「著者→出版社→取次→書店→読者」という情報の流れが、「著者→読者」というふうに変化することを意味している。

　編集者は「著者の思想または感情の表現物」を本や雑誌の形に仕上げる仕事をしてきた。そのコンテンツは、著者が著作権を有し、本というパッケージを発行する出版権を出版社が持つという形で出版業が成り立っているといえる。

　しかし、インターネットやパソコン通信などのオンラインによる情報の受け渡しが当たり前になってくると、本を取次や書店を通して、読者に届けるという配送システムそのものが、大きな変化を受けることになる。書き手である著者が同時に情報の発信者になるわけだから、出版社さえ消滅してしまうとも考えられる。

2. 電子メディアと編集者の課題

　このような状況を先取りして、「本がなくなる」という議論も活発で、21世紀中には、インターネットなどのオンラインメディアや他の電子メディアに、出版・印刷という紙メディアあるいは印刷メディアが吸収されるかもしれないという「近未来のインフラ像」（社会的基盤）を描く人もいる。

　しかし、私は、「本は生き残る」と思っている。かつて、音のメディアであるラジオが普及したときにも、また、音と映像のメディアであるテレビが普及したときも、同じように、活字メディアがなくなるという議論があったが、本も新聞もりっぱに生き抜き、それぞれのメディアが、「共存共生」している。

　編集者は、さまざまなクリエーターと協力して本づくりをしてきたといえる。本づくりのコンダクターだけでなく、映像や音楽を含んだ映画のようにメディアの中でのプロデューサーとして企画能力がいっそう試されることになっていくのであろう。

　文藝春秋を育てあげた池島信平氏は、「編集者は企画を立てなければならない」「編集者は原稿をとらなければならない」「編集者は文章を書かなければならない」「編集者は校正をする」「編集者は座談会を司会しなければならない」「編集者は広告を作成しなければならない」という編集者の6箇条を残してくれている。どうやら、現代という時代は、この7番目に「編集者はデジタル技術の活用ができなければならない」という一条が付け加えられそうである。

第2章

本づくりの基礎知識

この章では、本づくりの流れに沿って、原稿整理・原稿指定・校正作業などの本の製作技術の基本を学びます。

1. 本の組み立ての順序など造本設計の基礎知識を学びます。
2. 原稿整理の基礎知識と原稿整理の注意事項について学びます。
3. 原稿指定の基本実務について学び、基本版面を決定します。
4. 本文の指定について学び、文字の大きさと書体を指定します。
5. 見出し、柱、注などの指定とかなづかいの実務を学びます。
6. 製作工程全体の管理と校正の管理と進行について学びます。
7. 校正作業の基本を学びます（校正の基本や校正記号の使い方などについては第5章で学びます）。
8. 校了作業と印刷、製本の発注、見本の点検の仕方を学びます。
9. 製本の基礎知識を学び、製本方式を決定します。
10. 製本様式の違いと装幀依頼の留意事項について学びます。
11. 紙の特性を学び、縦目の紙と横目の紙の違いを学びます。
12. 紙の重さと厚みについて学び、適正な紙の選び方を学びます。

なお、本書では、初心者のための必要最小限の製作技術についてしか述べていません。詳しくは本づくりの基本教科書として、日本エディタースクールの基本テキストである「標準 編集必携」や「標準 校正必携」などを活用されることをお勧めします。

1. 造本設計の基礎知識

1. どんな本を作るのか＝基本設計

　原稿整理の基本に「造本設計」がある。「判型、製本形式（並製、上製本）」、「組版方式」などの決定、本文用紙、カバー、見返し用紙などの材料の選定など、本の仕上がりイメージを鮮明に描くことが基本となる。

　本は、その主体となる本文（ほんもん、ほんぶん）を中心に構成され、その前に前付（まえづけ）があり、後ろに後付（あとづけ）がある。

　本の組み立ての基本配列は次のようになっている。この配列は基本的なもので、本の性格などにより変わる。

　最近は、雑誌仕立てのものが増え、原則どおりでないものも多く見られる。

2. 本の内容と構成

（1）扉（とびら）

　見返し（みかえし）の次に扉があり、本文紙より厚手の別紙（べつがみ）が使われることが多いが、共紙（ともが

本の組み立ての基本

前	扉	………書名のみ・改丁・裏白
本	扉	………書名、著者、訳者、出版社名 　　　　改丁、裏白（裏面にクレジット 　　　　ライン〈翻訳権〉などを入れる）
口	絵	………改丁・別刷（共紙もある）
献	辞	………改丁
序	文	………改丁（まえがき）
凡	例	………改丁原則（改頁もある）
目	次	………改丁（図版目次や目次扉もある）
中	扉	………改丁（通常、最初に中扉を入れる）
本	文	………本文を中心に本は構成される 　　　　改丁、改頁 　　　　大見出し・中見出し・小見出し
付	録	………注・参考文献など
あとがき		………改丁
索	引	………本文縦組・索引横組（逆丁）
奥	付	………改丁原則
広	告	………奥付の裏

本文より前に入るものを前付という。

本文を中心に本は設計される。

本文より後に入るものを後付という。

み：本文と同じ紙）を使うこともある。扉には、書名、著者名、発行社名が入り、裏面「白」が多いが、クレジットが入る場合もある。

（2）前付（まえづけ）

本文以外のものを付物（つきもの）といい、本文より前に入るものを前付という。

口絵（くちえ：写真、図版類）は、扉の前または後に入れ、改丁、別刷りが多いが、本文と同じ、共紙が使われることもある。台境（だいざかい）に入れる中口絵もある。

続いて、献辞（けんじ）、推薦の言葉、序文（じょぶん）、本文に使われている用字用語・記号・略語、その他決まりごとを例示した凡例（はんれい）などが続く。

目次（もくじ）は、本の内容を部、章、節などの順に表示し、該当のページを示したもので、本の構成を表す。改丁が原則だが、扉を立て見開きに組む目次もある。

改丁（かいちょう）は、「丁」（紙一枚）を改めることで、必ず、奇数起こしになる。

改頁は、ページを改めることであり、その違いを十分に理解することが大切で、原稿指定時に、必ず、「改丁」「改頁」の指示をきちんと行う必要がある。

（3）本文（ほんもん、ほんぶん）

本の骨格となる部分を「本文」といい、通常、最初に中扉（なかとびら）を入れる。

本文中に扉を入れ、その扉裏に本文を組み込むことがあり、半扉（はんとびら）という。なお、進行の都合上、前付は、別ノンブル（ページ番号）と

し、本文は、新たにページを起こす場合が多い。

（4）後付（あとづけ）

本文より後に入るものを後付という。あとがきや参考文献や年表などの付録資料、索引（さくいん）、奥付（おくづけ）、広告などを配置する。

本文中の記載事項を抽出し、検索しやすいように五十音順に配列したものを索引といい、本文が縦組の場合でも、索引は横組とすることが多いので、本の後ろから、逆ノンブルを振ることが多い。事項索引のほかに人名索引、地名索引、文献索引などを入れることもある。

奥付は、本の刊行記録（本の戸籍）に当たるもので、「書名、著者名、翻訳者名、発行年月日、版・刷数（第1版第1刷）、出版者名、住所、電話番号、FAX番号、日本図書コード、ホームページのアドレス（URL）、メールアドレス、印刷所名、製本所名及び著作権法の関係で、「© 著作権者名と第1発行年」を入れる。

本体とは別に、表紙、カバー（ジャケット）、帯、スリップ（売上カード）、読者カードなどの付物（つきもの）が、本（書籍）を構成する重要な要素となる。

本の定価（本体価格＋消費税）表示は、カバーに表示されることが多い。

なお、消費税法の改正で、総額表示が義務付けされており、出版業界では、スリップの突起部分に表示しているが、2021年3月までは総額表示の義務付けが免除されている（⇒26ページ参照）。

2. 原稿整理の基礎知識

1. 原稿整理の前準備

　企画依頼者である編集者は、著者から受領した原稿が、「企画意図に沿ったものであるかどうか」「未着原稿の有無」など十分に吟味したのち、企画依頼書（出版計画書）を添えて製作者に手渡す。製作者は、その企画依頼書の企画意図、読者対象、発行予定月、予定定価、予定発行部数などを勘案して、製作の準備にかかるとともに、その本の仕上がりイメージをしっかり描いてから、原稿整理にかかるとよい。

2. 原稿整理の必要性

　著者から受領した「原稿」は、その枚数、写真・図版の有無などを確認後、必ず、コピーを取り、原稿整理に入る。
　この作業は、デジタル原稿が主流になっている現在でも同様で、必ず、バックアップを取ってから、原稿整理にかかるとよい。
　原稿は、著者の「思想・感情」の表現物である。基本的には、その表現をそのまま本として再現するのが望ましいが、読者が読みやすいように、一冊の本として、内容的にも、形式的にも整った表現であることが望まれる。
　編集者・製作者は、「最初の読者」でもある。著者の意向を尊重しながら、その内容の「未整理」な部分や「不統一」な部分を正し、改めることになる。
　原稿整理の基本となる「執筆要綱」があれば、その要綱に沿って、原稿整理（赤字入れ）することが望ましいが、依頼時に「執筆要綱」を定めていない場合は、原稿の内容から必要最低限の「原稿整理要綱・編集方針」を定めるのが一般的である。

3. 原稿整理の基本

　原稿整理には、内容を検討し、体系を整える「内容面の整理」と、用字・用語を統一し、表記を整理する「形式上の整理」の二通りがある。
　内容面の整理では、「疑問点」「問題点」などは、必ず鉛筆で原稿に添え書きし、著者（または編集者）と打ち合わせの上で、赤字入れを行い、製作者の「思い込みや独断」を避けることが望ましい。
　形式面での整理では、「文体の統一」「漢字の使用範囲」「漢字の字体」「かなづかい」「送りがなの使い方」「ルビの使い方」「句読点や約物などの統一」「学術用語・専門用語の使い分け」「外来語の表記」「年月日の表記」「単位の表記」「引用文の表記」「文献の表記」「索引の配列」「級数落とし」など、多くの項目がある。
　また、「見出しと本文の関係」「改丁・改頁」「改行・追込み」「行あき・字下がり」なども基本に忠実に整理することが大切である。なお、原稿整理は、章立てなどに沿い、「一綴り」ごとに整理すると便利である。

◎原稿整理の方法と校正の注意点

入稿するときに、できるかぎり完全原稿に近づける努力をすれば、それだけ赤字の少ない正確な校正刷を得られるし、時間的、経費的にも校正時の無駄を減らせる。

◎原稿整理のポイント

＊原稿手入れの基本方針（あらかじめメモを作る）に基づき、校正する。
＊送りがな：原稿どおりか、特定の方針に沿って整理するのか。
　例：変わる（本則）　変る（許容）
＊数字の使い方：漢数字か算用数字か。算用数字なら、どの範囲までか。
＊単位語（十、百、千、万……）の扱いはどうするか。
　例：百五十　一五〇　150
＊表記の統一：統一するなら、どの言葉をどの範囲で統一するのか。
　例：ぼく　ボク　僕
＊誤字や、かなづかいの誤りを訂正する。固有名詞の表記には特に注意したい。
　例：「斉藤」か「斎藤」か
＊文意の不明瞭なところ、正確さを欠くところ、適当でない表現、内容の重複などを正す。
＊本や雑誌の性格によっては、ひらがな書きが望ましい言葉は、ひらがなにする。

◎手書き原稿の時は次の点に注意する

＊欧文は、大文字、小文字の違いをはっきりさせる。
　例：C、K、M、O、P、S、U、V、W、X、Zがわかりにくい。
＊縦書きのときには、ダーシ（—）と音引き（ー）、Iと算用数字1の区別。横書きでは、ダーシ（—）、音引き（ー）、マイナス（－）、漢数字（一）の区別をはっきりさせる。
＊はみ出し、不足がないように、字詰め、行数を確認する。
＊各種の指定をする（書体、級数、字間、行間、拗促音、句読点など）。

◇その他の注意事項

＊赤字はていねいに入れる。誤字や略字を書かないように十分注意する。
＊まぎらわしい字には、注記が必要なこともある。
　例：口（漢字）　ロ（カタカナ）
　　　八（漢数字）ハ（カタカナ）
＊いったん訂正した部分を生かしたいときは、そのことがはっきりわかるように、入れた赤字をきちんと消す。
＊訂正が多すぎるときは、リライトし、正しい文章に書き直したほうがよい（ただし、不正確では無意味）。

出版技術講座「校正の基礎知識」（高畑健一氏）より要約

原稿整理と著作権法の注意事項

1. 著作権法では、同一性保持権があり、無断改変は禁じられているので、充分注意して、原稿整理を行う。

2. 用字用語や学術用語などは、著者の意向を確認しながら、ハウスルール（社内規定）がある場合には、それに基づき一貫した指定を行う。編集部で、手を加えた表現は、必ず、著者校正などで著者の承諾を得る必要がある。

3. しばしば、引用をめぐってのトラブルが発生することがある。著作権法では、公表された著作物の「引用」は認められているが、この場合、自分の著作物が「主」で、引用する他人の著作物が「従」の関係にあること、「引用箇所の明瞭な区分」「著作者、著作物の出所の明示」「同一性保持権の遵守」など、適法な引用でなければならない。（⇒144ページ参照）

3. 原稿指定の基本実務

1. 基本版面の決定と組体裁

判型（はんがた、はんけい；本の大きさのこと）が決定すると、自ずと基本版面が決定されることになるが、版面（はんめん・はんづら）は、通常、上下左右に適当な「マージン（余白）」を取り、紙面の60％程度となる。

文字数は、あまり詰めすぎると、「読みづらく」なり、少なすぎると、「まとまりにくく」なる。また、文字の大きさと行間も「読みやすさ」に大きく影響する。

「縦組と横組の決定」「書体と文字の大きさの選定」「字詰め、行数、行間の決定」「刷り位置の指定」などの基本方針を決める。また、本の性格や読者対象により、「文体」や「漢字」の使い方に工夫が必要である。最近では、DTP編集が多くなり、幾つもの「マスターページ」を作成して利用することも多くなった。

なお、縦組は「右開き」、横組は「左開き」となり、カバー・帯・表紙の設計などに注意する必要がある。

●書籍・雑誌の仕上寸法

書籍や雑誌の仕上寸法は、JIS（日本工業規格）によって下表のように決められている。このほかに、四六判、菊判、AB判、新書判などがある。

表1　紙加工仕上寸法（単位 mm）

	A　列	B　列
0	841 × 1189	1030 × 1456
1	594 × 841	728 × 1030
2	420 × 594	515 × 728
3	297 × 420	364 × 515
4	210 × 297	257 × 364
5	148 × 210	182 × 257
6	105 × 148	128 × 182
7	74 × 105	91 × 128
8	52 × 74	64 × 91
9	37 × 52	45 × 64
10	26 × 37	32 × 45

●版下台紙と各部の名称

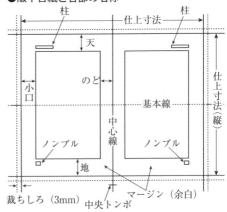

（注）上図で、柱とノンブルを版面に含ませる場合と含ませない場合があるので、版面の大きさを決める場合に製作者とよく打ち合わせておくことが必要である。

DTPでは、基本版面の設計は、すべてマスターページの作成で指定される。

2. 原稿指定の前準備

（1）原稿に通しノンブルを打つ

ここでは、紙の原稿用紙に書かれた原稿を整理し、入稿する手順について述べるが、昨今では、電子データで原稿を受理し、そのまま原稿整理に入るケースも多く見受けられる。

原稿全体の「構成」を確認した後、「原稿に欠落や重複がないか」などを確認し、進行上のトラブルを避けるために、改めて、原稿に通しナンバーを正確に振り直すことが大切である。

作業の進行上、章立てなどを基準に、「一綴り」ごとに作業することが多い。綴じる場合は、補強のために原稿の初めと終わりに表紙をつけ、原稿の一部が欠落しないように「こより」（和紙を細長く切って、撚りをかけてひも状にしたもの）で糸綴じすることが大切だが、最近では、ホッチキスを利用することも多い。この場合、原稿の最後が欠落するトラブルが多いので、注意すること。

また、「欠落」のトラブルを防ぐために、入稿単位ごとに、原稿の最後に「止め」マークを朱書きで入れておくと便利である。

（2）図版類の指定と入稿

図版や写真は、本文とは、別進行になることが多いので、本文原稿中に、必ず、図版の入る位置・寸法などを書き入れておくか、別紙でレイアウト指定を行う。

写真は写真原稿として、トレーシングペーパーを被せてトリミングや縮尺の指定を行う。指定には、青鉛筆を使うことが多いが、写真を傷つけないように配慮する。

（3）原稿指定と原稿手入れの基本

原稿整理・原稿手入れの基本は、「完全原稿」を作ることにある。出版物の種類により、編集方針や校正基準も違うので、事前に明確な「基準」を作っておくことが望ましい。

編集・製作作業の実務を見るとき、大半が、「指定と点検」の連続である。原稿手入れと指定の良し悪しが、その後の作業をスムースにする。

原稿の「手入れ」は、本の性格や読者対象から考えられた編集方針上「やむをえない」ルールで行い、変更する場合は、必ず、事前に著者の了解を得るか、「著者校正」などで確認することが大切である。

特に、文芸作品や学術的なものは、「文字づかい」を改めたり、「改行」や「追い込み」を施すことにより、意味合いが変わることもあり、安易な変更はしてはならない。

（4）デジタル原稿の注意事項

原稿入手時にプリントアウトされたハードコピーを添えて入手すること。入手したデータ原稿は、必ず、バックアップコピー（複製）を取り、その後の進行やデータ変更は、バックアップコピーで行い、オリジナルデータは保存しておくこと。また、その指定は、必ず、ハードコピーに指定すること。ハードコピーとデータがしばしば相違することがあるが、この場合は、電子データを優先することが望ましい。
（⇒ 41 ページ参照）

4. 原稿指定の実際（1）

1. 原稿指定の実際

　基本版面が決まり、字詰めや行間が決まると、本文の指定に入る。指定には、統一指定と個別指定がある。指定とは組版の情報を原稿に書き入れることをいう。

　組版が進行してからの「組体裁の変更」は、時間とお金の無駄使いとなるので、全体の入稿を行う前に、4〜5ページ程度の「見本組み」をとり、仕上がり紙面の確認を行うことが大切である。なお、見本組みは、必ず校了にしておくこと。

　指定は、「赤字」（赤インク、赤鉛筆、赤ボールペン）で、指定文字は「楷書」で、わかりやすく、指定するように心がける。また、原稿を汚さないようにすることも大切である。

　原稿指定の前に一通り読み終え、疑問点などに付箋をつけておくとよいが、時間的制約から、ほとんどの場合は、素読みしながら、指定を行うことになる。

　通読しながら、原稿の内容、間違いはないか、あいまいな点や誤字、脱字などの誤りがないかなど、念入りに原稿指定を行う。

　原稿には、書き下ろしのものと、雑誌などに連載されたものがあるが、一度連載された原稿だからと甘く見ていると、思わぬ間違いが多々あるので、要注意である。

　原稿指定用の記号は、特に定められていないので、JIS の印刷校正記号を準用して、指定を行うことになる。指定の基本は、原稿の間違いを正し、読みやすいように表記の統一を行い、書体、文字の大きさ、字下げ、行取りなどを指定してゆくことになる。

2. 本文の指定

　本文を「1ページ目」から起こすか、前付のページをカウントして、たとえば、扉2ページ（2ページ目の裏面白）＋はしがき1ページ＋目次3ページの場合、「7ページ目」から本文を始める。

　なお、縦組の場合は、本を「見開き」で見た場合に、「左ページ」が奇数ページ、「右ページ」が偶数ページとなる。横組の場合は、この逆で、本を「見開き」で見た場合に、「右ページ」が奇数ページ、「左ページ」が偶数ページとなる。

3. 文字の大きさと書体の指定

　文字組版の基本原理は第6章で後述するが、原稿指定では、文字の大きさ、書体、字間、行送りの指定などを行う（⇒ 118 ページ参照）。

　本文は、基本版面のなかに読みやすく配置されるように適当な大きさの文字で、適当な行間を保って組むことが大切で、たとえば、「横二段組み、本文リュウミン R-KL13 級 17 字詰め、38 行、19.5 歯送り」（この本の場合の

指定例）などと指定する。

　文字の大きさや送りの基本単位は、写植では、機械式写植機の歯と歯の距離（ピッチ）で定められており、「1ピッチ＝1歯＝1級」は0.25ミリである。つまり、1級の大きさは0.25ミリに相当し、1歯送りとは、文字位置を0.25ミリ移動することである。したがって、4級が1ミリに相当する。級数は「#」記号や「Q」などで表示される。

　また、行の送りとは、ある行から次の行はどれだけの間隔で文字を組むかを意味する。文字の送りの考え方や文字組版の基本については、第6章で後述する（⇒118ページ参照）。

　指定の基本は、次の項目を抑えながら行うとよい。

　(1) 縦組か横組かの組み指定。
　(2) 文字の大きさの指定は、級数かポイントで指定、本文は13級、9ポ前後が多い。
　(3) 書体は、見本帳を見ながら、さまざまな書体から、適切な書体を選択する。
　(4) 字送りはベタ（前後の文字と隙間なく詰めた組版方式）が基本だが、雑誌などでは1歯詰めや横組のツメ組みも用いられる。
　(5) 一行に何字詰めるかで読みやすさに違いがあり、適切な字詰めを選ぶ。
　(6) 行間のアキでも、読みやすさに違いがあり、適切な行送りを選ぶ。

4. デジタル入稿の心得

　現在では、印刷所への入稿原稿に占めるデジタル入稿の比率は90％を超えていると見られる。また、その大半がWordや一太郎などのパソコンのワープロソフトで書かれた原稿である。

　しかし、印刷現場における電子組版機への入力は、文字データのみからできているプレーンテキストデータが基本となっており、入稿原稿は、テキストデータの形が望ましく、作業を始める場合に、印刷所のシステムやDTPで適切なデータ形式を確認しておくこと。

　入稿原稿は、バックアップデータでの入稿（著者側でもバックアップを取ってもらうこと）で行い、トラブルに備えてオリジナルデータは編集部で保存しておくとよい。データの訂正や追加などの処理の方法をあらかじめ印刷所と打ち合わせておく必要がある。

　データ作成時には、次の点に注意し、レイアウトなどの指定は、プリントアウトした原稿に組版指定し、レイアウトや文字の修飾は、組版を行うシステム側（CTS側やDTP側）で行うことが望ましい。

　(1) 段落改行や行アキ以外では、改行キー（returnキーまたはEnterキー）は使わないこと。
　(2) インデント（字下げ）や段組、罫線や表組みは使わないこと。
　(3) 修飾文字（文字飾り、拡大文字、上付き、下付き、ルビ）は使わないこと。
　(4) 半角入力と全角入力、マイナス（－）とダーシ（―）などの区別をすること。
　(5) ユーザー外字を使わないこと。
　(6) JIS外字に注意すること。

5. 原稿指定の実際 (2)

1. 見出し・柱・注などの指定

見出しは、「大見出し」「中見出し」「小見出し」の順に文字の大きさ（指定級数またはポイント）は小さくなる。また、「行取り」も違ってくる。

見出しを本文の頭から何字下げで組むかを指定するのが「字下げ」で、仮に、「見出し3字下げ」と指定すれば、本文の天から「3字分」だけ下げた位置から、見出しを組む。

なお、字下げは、本文の組版でも、しばしば用いられることがある。

柱（はしら）やノンブルの書体、大きさ、組位置、本文版面とのアキなども指定する。本書では、柱やノンブルとともに小口寄せとなっている。

注（ちゅう）には、割注、本文注、頭注、脚注、章末注、巻末注などがあり、それぞれ注番号や文字の大きさなどに工夫を要する。

写真や図版類の図説のことをネームまたはキャプションというが、写真や図版のネーム（キャプション）の位置や書体・文字の大きさなども指定する。

引用文や参考文献の組み方、書体、大きさ、字下げなどの工夫とともに、「出所表示」も忘れないようにする。

2. 漢字やかなづかい・学術用語などの方針

通常は、新字体（常用漢字の字体）と現代かなづかいで表現されることが多い。

一部、「旧字体」や「旧かなづかい」を使用する場合は、その箇所ごとに「旧かな」などと指定する。また、現代かなづかいでは、拗音・促音の指定も行う。

専門語や外来語などは、文部省の「学術用語」や「外来語の表記」に従うか、慣習（または自社ルール）に従う。

特に、固有名詞・人名・地名や年号・数詞・単位の表記などは、全体を通じて、統一されていることが望ましい。

内閣告示の「現代仮名遣い」「送り仮名の付け方」に従う場合は、本則を優先するのが一般的であるが、許容範囲を社内ルールで決めておくとよい。

また、外来語の表記についても、内閣告示の「外来語の表記」を基準にしながら、著者の意向をできるだけ尊重することが望ましい。

3. 数字や単位記号の指定

数字は、縦組みでは漢数字、横組みではアラビア数字が使われることが多い。縦組、横組とも、単位記号を使う場合は、一般に位取りはしない。

なお、本文では、単位記号を使い、表組や図版の中では、位取りをする例も多い。

単位記号は、一般に縦組みではカタカナ表記が多く、横組みでは欧文のSI単位記号が使われることが多いが、

全体を通して統一されていることが望ましい。

4. 改丁、改頁の指定

　本文の一つの節または章が終わると、次の節（または章）が始まる。このとき、「改丁」とするか、「改頁」とするかは、方針を定めておく。

　改丁の場合は、本文が奇数ページで終わった場合、偶数ページは「裏白（裏側は何も印刷しない）」となる。改頁の場合は、偶数ページから始まる。

　なお、改丁の場合には、章の始まりは必ず奇数ページになるが、改頁の場合には、その章の終わったページの次のページから始まる。

　「小説、詩」などの場合を除き、一般の文章の場合は文脈に注意しながら、5行から10行ぐらいで、「改行」すると読みやすくなる。

5. 字割りや倍取りの指定

　文字と文字の間を「字間」といい、文字一字分を「全角（ぜんかく）」という。字間をあけずに組む場合を「ベタ組み」という。

　字間を広げる場合の指定を「字割り」といい、「二分アキ」とは、全角の2分の1あけることをいう。「三分アキ」「四分アキ」などもある。

　また、見出しなど、一定の長さで組む場合、文字の大きさの何倍かで指定することを「倍ドリ」といい、「5倍ドリ（5字分）」「7倍ドリ（7字分）」などと指定する。

6. 約物などの指定

　句読点や疑問符？、感嘆符！などの区切り符号、かぎかっこ「　」やパーレン（　）などの括弧類、ハイフンやダーシなどのつなぎ符号を約物（やくもの）という。

　文章が改行された場合、段落の始まりは、全角下げ（一字分あき）する。括弧類が段落の始まりに来る場合には全角下げまたは二分下げ、折り返しの場合には天付きにする場合が一般的であるが、各社によって、組版ルールの違いがあるので留意する。

　原稿の漢字にルビ（ふりがな）を振る場合は、赤字で行間にそのルビを書き入れ、ルビは、本文の2分の1程度の大きさの文字を用いる。

　デジタル原稿で、ルビが振られている場合があるが、これがトラブルの要因になることがある。ルビ組みは、組版を行うシステム側で行うことが望ましい。このルビの振り方には、モノルビ（対字ルビ）、グループルビ（対語ルビ）のほかに、熟語ルビなどのルールがあり、校正記号（⇒112ページ参照）の例示で、その考え方をマスターしてほしい。

　　　　＊　　　　　＊　　　　　＊

　指定を終えた後に、もう一度、指定を点検し、念を入れるとともに、本扉裏に入れる「編者名、監修者名」「クレジットライン」「装幀家、画家、イラストレーター、写真家、図版提供者、図版の著作権者、協力者の氏名」など欠落しやすい必要事項を再点検する。

　また、トラブルを避けるためにも、「製作指定ノート」を作成し、後送原稿や分割入稿の作業点検に用いるとよい。

　この「製作指定ノート」の蓄積が、その編集者・製作者の知恵袋となることが多い。

6. 製作・校正の管理と進行

1. 製作の進行管理

(1) 製作工程全体を管理する

製作者（編集者）は、本づくりの工程全般を管理するコーディネーターとしての役割を持つことになる。

「本文」の進行を中心に全体の進行を管理することになるが、「口絵、年表、付物」や「カバー、帯」あるいは「函（はこ）」などは余裕をもって、依頼しておくことが肝心である。

「定価（本体価格）」、部数、日本図書コード」の決定や用紙の手配なども遅れることのないように、販売（営業）や生産管理の関係者との打ち合わせを済ませておくこと。

たとえば、スリップ（短冊、注文伝票）や挿入ハガキなどは遅れやすいので、注意すること。

また、外部のスタッフ、校正者、デザイナーや印刷業者などへもあらかじめ、おおまかなスケジュールと仕事の内容を伝えておくこと。

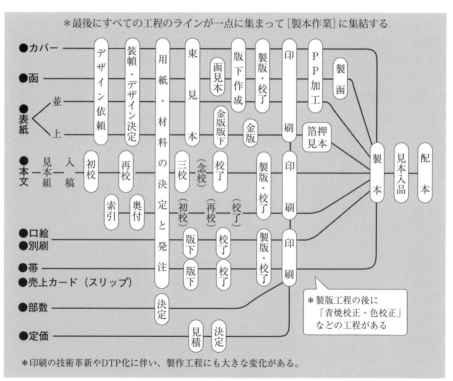

本づくりの工程管理

（2）進行表の活用

1冊の本の進行は、たとえば、本文1つにしても、進行の「早い部分と遅れている部分」とさまざまである。また、同時に何冊もの「本づくり」を管理することもある。そのため、作業の進行を記録する「進行表」を作成し、進行具合を記録しながら管理すると、滞ることもなく、便利である。

通常、原稿は、「章立て」などに従い、「ページ割」で部分入稿することになる「台割」やコンピュータ組版の工程による「ジョブ割」で進行することもある。

（3）本体以外の付物の進行

本体の進行と並行して、さまざまな付物も進行管理しなければならない。

表紙：表紙は、「平」の部分と「背」の部分に分かれるが、背文字には、薄い本でも、書名だけは入れるのが原則である。一般的には、シリーズ名、書名、著者名、出版社名、社名のロゴなどが入る。

カバー（ジャケット）：背表紙および表表紙（表1という）には、シリーズ名、書名、著者名、出版社名、社名のロゴなどが入る。また、裏表紙（表4という）には、定価（本体価格＋税）と日本図書コード（10桁コードは廃止され、2007年1月から13桁コード）が入る（⇒147ページ参照）。

スリップ（売上カード）：各社ごとに入る要素は違っているが、売上カードと注文カードがいっしょになった形式が多い。書店の帳合欄、注文部数欄、注文年月日欄などがあり、その他、シリーズ名、書名、著者名、出版社名、出版社住所、電話番号、FAX番号、定価（本体価格＋税）、日本図書コードなどが表記されている。

読者カード：一般的には、料金受取人払いの私製ハガキに購入した本の書名などが明記してあり、読者からの要望や感想などが記入できるようになっている。

2. 校正の回転

指定を終えた原稿は「割り付け（レイアウト）」指定とともに入稿され、一定期間後、組み上げられた初校が出てくることになる。

校正紙が「何通必要か」を事前に印刷所と打ち合わせておくこと。文字校正を行う前に、まず、「版面当たり」用のフィルムなどで、組版が「指定どおりの版面」であるかを点検する。

次に「字詰め、行数、行間」「見出しの行数」「ノンブル起こしの確認」「柱の位置」など「基本指定の確認」を「見本組み」の校了紙と見比べて行う。

＊　　　　＊　　　　＊

以上のような基本的な点検作業を済ませてから、校正者に校正の引き合わせを依頼することになる。

校正をスムーズに回転させることが、全体の進行に影響するが、あまり無理な日程で校正を依頼すると、誤植の見逃しなどミスにつながることがあり、余裕を持って校正に時間をとることが望ましい。

校正者にも「目次」や「原稿指定メモ」（原稿整理の基本方針）を手渡し、編集の意図や刊行予定とともに「本の全体像」を知らせておくこと。

7. 校正の基本と校正記号

1. 校正のポイント

　原稿や校正紙を点検して、文章や文字組、レイアウトなどの誤りや不備を見つけ、必要に応じ編集者や著者、デザイナーに判断を求めるのが校正の基本的な仕事である。

　校正の基本作業については、第5章の「校正の基礎知識と校正記号」で詳述するが、ここでは編集者が校正を行うときの基本的な心得について述べる。

　校正の基本は「原稿や指定どおりに文字組版を完成する」ことである。初校が出てきたら、指定と照合して基本版面、字詰め、行数、使用書体、章、節の区別、小見出しの行取り、字下がり、柱、ノンブルなどの組体裁を確認。前準備の点検を終えてから、文字校正に入る。

　校正は、編集者や執筆者との共同作業といえる。日本語の表記や文字についての確かな知識とともに広い範囲の一般常識が必要となる。

　文字校正は、まず、校正紙が原稿（または赤字）どおりに、組まれているかを見る"引き合せ校正"から始める。引き合せ校正の基本は、原稿と校正紙を見比べ、縦組みの場合には、原則として右上方に適当な長さの引き出し線を入れ、「赤字」を書き入れる。

　なお、校正は、「赤インク（赤鉛筆）」用いて行い、赤字はていねいに書き入れるとともに、文字の上に赤字が重ならないように、行間や余白部分に赤字を書き入れるように工夫する。

　横組みの場合には、引き出し線を行間に沿って入れ、左半分の赤字は左側の余白に、右半分の赤字は右側の余白に書き入れるとよい。

　訂正を書き入れる時は「JISZ8208印刷校正記号」（⇒108〜112ページ参照）に準拠して行うこと。「わかりやすく、ていねいに」をモットーに行うこと。校正の基本方針・基準などあらかじめ編集方針を定めておくことが大切である。

　本文以外の「表」や「ネーム（キャプション）」なども原稿と引き合せ、図番号などの確認も怠らないこと。

　活版時代の訂正の多くは、形の似ている漢字の誤植が多かったが、パソコンの普及とともに「データ入稿」されることが多くなり、読みは正しいが、意味の異なる「同音異字・同訓異義」の「変換ミス」が多くなった。また、OCR（光学文字読取装置）を用いて、印刷物から再入力するケースもあり、思わぬミスが起こることも多くなった。

　ときには、一人が「原稿または校正紙」を音読し、他の一人が「校正紙または原稿」を黙読しながら校正を行う「読み合わせ校正」を行うこともある。この場合、読み手の側は、間違いやすい箇所に「注釈」を入れながら、音読することになる。

　引き合せ校正を終えた後、原稿から離れて、校正紙を「素読み」すること

が肝心である。デジタル原稿時代では、「素読み」がより重要になる。

校正紙を著者に、「校正」してもらうことを「著者校正」というが、この場合、「正」の校正紙とは別に著者校正用の「副」の校正紙を準備し作業するとよい。

初校を終えた校正紙は「要再校」と記し、印刷所に戻すことになるが、このときにも再校が何通必要かを記入する。

再校が出てきたら、初校の赤字と引き合せ、修正漏れがないかを点検する。このとき、点検を終えた初校の赤字箇所に「チェック」を入れておくと、点検漏れを防げる。三回目の校正を取るときは「要三校」または「要念校」と記す。

2. 校了時の注意事項

赤字がまったく入らないときは「校了（こうりょう）」となるが、少しの赤字が残る場合は「責了（せきりょう）」し、印刷所の「責任で校了」とする。校了（責了）に当たり、もう一度、「柱」「ノンブル」「図番号」「著者名」など、見落としのないように再点検する。本文の文字校正にとらわれていると、「書体や級数」などが違っていることが往々にしてある。

活版印刷での校正は、校正紙が「責了」となってからの校正はないが、オフセット印刷では、このあとに、「プルーフ校正」や「カラー校正」が入る場合が多い。

本文校了の作業に合わせ、「改丁・改ページの確認」「ノンブル・柱位置の確認」「ノンブルの前付・後付の確認」「隠しノンブルの指定」「本丁・逆丁の摺り合わせ」「図版や写真のネーム位置の確認」「刷り位置の確認」などを行うが、「版面当たりフィルム」を利用するとよい。

校正の模範例（出所：大西寿男著『校正のレッスン』）

8. 印刷・製本の注文

1．印刷の注文

　校了になったものは、印刷段階に移る。印刷用の紙は、「JIS」で規格化されており、全紙一枚に「片面16ページ」または「両面32ページ」を印刷することが可能である。

　A5判を例にとると、通常、32ページ単位（2折分）で印刷され、二つに断ち割り、製本機には、1折（1台）16ページ単位で掛けられることになる。

　たとえば、A5判198ページの本があると、「16ページ×12折＋6ページ」（12折までは32ページ単位で印刷）となり、13折目は半裁の印刷機で、「8ページ」で印刷するか、「8ページ×2」で2丁掛け（同じ版を二つ掛ける）で印刷することになる。

　この場合、2ページ分の半端ページが出ることになり、通常は、奥付とその裏広告などで処理することになる。このように印刷物を16ページ単位に調整することを「台割」を整えるという。なお、印刷所への注文は、必ず、「印刷注文書」に「部数、刷了希望日、印刷物の搬入日」などを書き入れて、「台割表」を添えて注文すること。

2．用紙の必要枚数

　自社で用紙を購入するときは、校了日の1週間前までに余裕を持って、「予備紙」を含んだ必要量を注文するために行う。

　印刷物の「刷り出し、一部抜き」は、製本前に「異常」がないかどうか点検するために行う。

＊用紙の枚数＝（総ページ÷全紙1枚から取れるページ数）×発行部数

＊例1：A5判224ページの本を3000部発行する場合；
　用紙の枚数＝（224÷32）×3000＝21000枚→所要連数：A列全判縦目の紙21連＋予備

＊例2：B6判320ページの本を5000部発行する場合；
　用紙の枚数＝（320÷64）×5000＝25000枚→所要連数：B列全判横目の紙25連＋予備

＊B4判・A4判：「B全・A全；横目」→所要連数＝（総ページ÷16ページ）×発行部数÷1000

＊B5判・A5判：「B全・A全；縦目」→所要連数＝（総ページ÷32ページ）×発行部数÷1000

＊B6判・A6判：「B全・A全；横目」→所要連数＝（総ページ÷64ページ）×発行部数÷1000

＊菊　　　　判：「菊判；縦目」→所要連数＝（総ページ÷32ページ）×発行部数÷1000

＊四　六　判：「四六判；横目」→所要連数＝（総ページ÷64ページ）×発行部数÷1000

---

3. 製本の注文

　雑誌の製本と違い、書籍の場合は、通常、印刷物の搬入日から「1～2週間程度、製本期間を見ておく。「スリップ、ハガキ、広告」など「投げ込み」の印刷物の搬入なども滞りなく手配すること。その間に、製本所では、一折ごとに折り機にかけ、付物など「手貼り」の準備を整え製本にかかることになる。

　昨今では、「糸かがり」による製本が激減し、「網代（あじろ）綴じ、無線綴じ」の書籍が増え、製本工期が短縮されたとはいえ、無理な日程設定は、トラブル発生を誘引することになる。

　製本所への注文は、必ず、「製本注文書」に「製本部数・搬入日」「見本部数・見本搬入日」などを書き入れて注文すること。

4. 見本の点検

　製本見本が届けられたら、直ちに「見本」の点検を行い、「異常がないかどうか」「折は正しいかどうか」「落丁、乱丁はないかどうか」「付物はそろっているかどうか」「背の丸み、見返しのチリなど製本の異常がないかどうか」「奥付表記に間違いはないかどうか」「書名、著者名、定価（本体価格＋税）」やスリップの総額表示、日本図書コードなどにも間違いがないかどうか」などを最終的に「点検」すること。

　なお、昨今は、製本事情が極めて厳しい状況にある。余裕を持って、配本日を決定してほしい。

　通常、取次に「見本」を搬入してから2日後が、取次から書店への搬入日となる。

● 背標・背丁

山形背標	岩波背標	背標 背丁	正しい 取込み 落丁 乱丁

出所：「標準　編集必携（第2版）」（日本エディタースクール）

● 刷り出しの点検・製本前のチェックポイント（十分に点検後、製本工程へ）

＊　刷り出しの異常はないか（1ページごとに確認する）。
＊　折は正しく折られているかどうか（1折りごとに確認する）。
＊　落丁・乱丁がないかどうか（背丁、背標で確認する）。
＊　付物は、すべてそろっているか（売上げカード、投げ込み広告など）。
＊　奥付の表記に間違いはないか。著作者名、定価（本体価格）、日本図書コードなどの確認。

9. 製本の基礎知識

1. 製本の種類

　書籍の製本には、中身を化粧断ちしたあと、表紙をくるむ上製本（本製本）と、中身と表紙を一緒に化粧断ちする並製本（仮製本）がある。

　上製本にも「かがり綴じ」と「網代（あじろ）綴じ」があり、最近では、網代が多くなっている。上製本には、フレキシブルバック（柔軟背、じゅうなんせ）、タイトバック（硬背、かたせ）、ホローバック（腔背、あなせ）の3種類がある

が、現在の上製本は、中身の背と表紙を密着させずに、開いたときに空洞のできるホローバックが主流である。

　フレキシブルバックは、背が柔らかく開きやすいが背にしわが出る欠点があり、タイトバックは、背が堅く丈夫であるが開きが悪い欠点がある。

　背の形から、丸背（まるせ）、角背（かくせ）に分かれ、角背のうち背の両側にみぞを付け、耳を出したものを角山（かくやま）という。

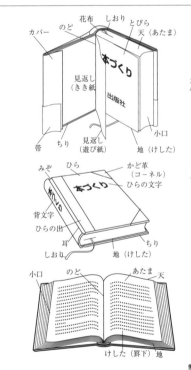

フレキシブルバック

表紙の背が中身と密着していて、柔軟に作られている。本の開閉は容易であるが、本の背が逆に折れ曲がるので、背文字がそこなわれるのが欠点。

タイトバック

表紙の背と中身の背とが密着しており、背の部分が固められている。背の形はくずれず丈夫であるが、本の開きは他の様式に比べ最も悪く、厚い本には不向き。

ホローバック

上の2つの様式の長所をとったもので、表紙の背と中身の背が離れて空洞ができる。本の開閉が容易で、背文字も損傷しない長所があるが、のどの部分がこわれやすい。

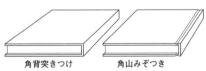

角背突きつけ　　角山みぞつき

製本の3様式

2. 製本の工程

　最初の工程が「折り」の工程で、印刷所から搬入された刷本（すりほん）を確認し、刷本を突きそろえて1折（16ページ）ごとに断ち切る作業がある。この工程は刷本上の印刷位置（版面）が同じ位置に来るようにする大事な工程で、規定の寸法に裁たれた刷本は、折り機にかけ3回折られてページ順が続くように仕上げられる。

　次の工程が「丁合（ちょうあい）」で、この工程の前に、扉、口絵や折込などの別丁の貼り込みや見返し貼りなどの下ごしらえの作業が終わったら、全台数をそろえ、丁合機にかける。丁合とは、折丁（おりちょう）を完全な一冊の本の形にページ順にそろえる作業で、丁合が終わった刷本は、センサーなどで、乱丁、落丁などのないことが確認される。

　丁合が完成した刷本は、「綴り（かがり）」工程に回る。糸綴り機は、自動化されており、折丁の真ん中を開き、針と糸を通し、一冊分の折丁を折り重ねてゆく。通常、A5判では綴じ箇所は4箇所、四六判では3箇所程度になる。

　綴じが終わったら、次の工程が「下固め」で、丁合を終えた折丁の背は、折り目と綴じ糸で、小口より厚くなっている。そこで、ならし機に背をはさみ小口と同じ厚さにそろえられ、また、中身全体も平締めを行い、平らにされる。

　次に三方の小口が正確に断裁されるように背に膠（にかわ）や接着剤を塗布して仮固めが行われる。小口を落とし、連続して天地を一度に落として三方断ちされ、スピン（しおり）が入れられる。

　次の工程が、「丸み出し」工程で、二方から本をはさみ、下から押し上げるような形で丸背特有の丸みが出される。そして、バッキング機で耳出しを行い、「背貼り」工程へ流れていく。バッキングの終わった本の背に、再び接着剤をつけ、ガーゼのような寒冷紗（かんれいしゃ）を貼り、地券紙（ちけんし）の上下に花布（はなぎれ、ヘッドバンドともいう）をつけ、背貼りが完成する。

　別工程で完成させておいた表紙をくるみ、見返しの糊を入れ、溝（みぞ）をつけ、「スリップ」や「投げ込み広告」が挿入され、ジャケット（カバー）や帯を巻き、製本が完成される。表紙に「箔押し」や「空押し」を施すこともある。

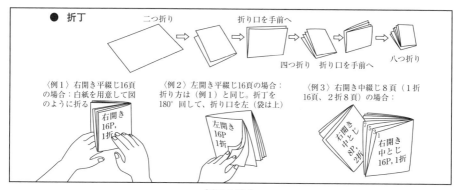

折丁の基本

10. 製本様式の違いと装幀

1. 上製本と並製本の違い

　上製本は、丁合の終わった中身を化粧断ちした後に、表紙を被せるため、表紙の方が、3ミリ程度大きくなっている（これを「ちり」という）。

　表紙と中身の接合部分の強度を補強するのが、「見返し」であり、表紙に貼り合わせる半分を「効き見返し」、残り半分を「遊び見返し」という。

　並製本（仮製本）も、基本的に同じ工程であるが、ホットメルトと呼ばれる接着剤で背固めを行い、表紙をくるみ、中身と表紙を一緒に三方化粧断ちするだけで製本が完成する。

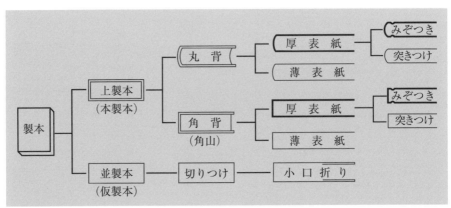

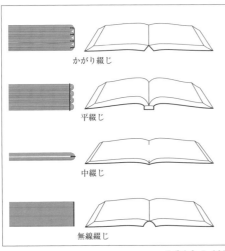

かがり綴じ

平綴じ

中綴じ

無線綴じ

＊　上製本には、背に丸みをつけた丸背と、背が平らな角背がある。本の中身と表紙の接着方法によって、タイトバック、フレキシブルバック、ホローバックがある。

＊　上製本は、断裁された中身を化粧裁ちした後、表紙を被せるため、中身より、表紙のほうが一回り大きくなり、この部分をチリと呼ぶ。

　　最近では、コストの関係で、かがり綴じの上製本が少なくなってきた。

＊　並製本は、中身と表紙を一緒に化粧裁ちする。

＊　無線綴じには、のどの部分に切り込みを入れる網代綴じと、背を一度バラバラにするカット無線とがある。

上製本と並製本の違い

無線綴じにも２通りの方法があり、のどの部分に、切り込みを入れる「網代綴じ」と、背を一度切り落とす「カット無線」がある。

2. 製本方式と装幀

（1）装幀の基本

書籍には、多くの場合、カバー（ジャケット）や帯がかけられている。装幀は、本づくりの重要な要素の一つである。装幀は、「書物の着物であり、衣装をつけ、化粧を施す術である」（税所篤一氏）といわれている。

本の内容にふさわしい装幀が何よりも求められており、平積みされる場合を考えて、平のデザインが調和していること。書店での陳列方法は棚差しが多いため、背のデザインが調和していること。読者が本を手に取って見た場合、平と背のデザイン全体が調和していることなどが大切である。

（2）装幀の依頼時の留意点

装幀をデザイナーに依頼するとき、原寸大のラフスケッチを描くのはむずかしい。そこで、装幀のイメージを伝えるよい方法として、本の仕上がりの４分の１程度の大きさの用紙を使って、サムネイルスケッチ（小さなスケッチ）を描くとよい。

装幀を依頼するときには、基本的には、「カバー、帯、表紙、扉、本文」などが統一的にデザインされていることが望ましい。

なお、日本でいうカバーは、英語では「jacket、bookjacket」と表され、英語の「cover」は表紙を意味する。

依頼時には、「書名、著者名、出版社名、会社のロゴ、日本図書コード、定価（本体価格）」などの文字や「写真、イラスト、図版」など装幀に必要な要素を完全にそろえ、出来上がりのイメージをデザイナーにはっきり伝えることが重要である。

同時に、製本様式（並製か上製本かの違い）、印刷方式（色数）、紙質、PP（ポリプロピレン）加工の方式、予算なども打ち合わせる。また、束（つか、本の背幅）を正確に計るために、使用用紙で事前に束見本（つかみほん）を作って確認すること。

表紙は、本の本体を保護する役割があり、上製本の場合は、背の文字だけで平の部分は何も入れないケースもあるが、箔押しなどが用いられるケースもある。

並製本の場合で、カバーがつく場合の表紙は、ほとんどが１色刷りとなることが多い。カバーがつかない場合には、表紙が雑誌と同じように、その本の「顔」となる。

3. 帯の役割と効用

『出版事典』（出版ニュース社）には、帯は「その用途は主として広告宣伝のためであって、多くは目立つように色紙を用い、内容の紹介、著名人による推薦のことばといったものを記載する」とある。日本では、本の装幀上、なくてはならない要素の１つである。

また、書店などでは、その本の陳列法を定める重要な情報源として用いている。

帯のキャッチフレーズを考えるのも、編集者の重要な仕事の１つである。

11. 紙の基礎知識

1. 紙の製造法と紙の特性

　紙の原料には、繊維の長い松・杉などの針葉樹と、繊維の短いユーカリ、ぶななどの広葉樹の両方があり、現在では、バガス・ケナフなどの非木材紙の利用とともに、古紙の活用も重要なパルプの供給材となっている。

　パルプの製造法には、石臼ですりつぶしてパルプ分を取り出す機械パルプと苛性ソーダなどの薬品で煮てパルプを取り出す化学パルプの2種類がある。

　漂白方法には、塩素ガスを使用する従来法と、二酸化塩素を使用する無塩素漂白法の2種類があり、塩素法は有機塩素化合物やクロロホルム発生などの問題があり、最近では無塩素方式が多くなっている。

　抄造方法は、パルプにさまざまな添加材を加え、大量の水でかき混ぜた原料をワイヤーと呼ばれるプラスチックの網（抄網）に流し込み、脱水する。

　次の工程では、ロールと毛布でさらに水を搾り取り、ドライヤー工程で、湿った紙を蒸気の入った熱い筒で乾燥させる。乾燥した紙をカレンダー工程へ送り、紙の表面を平らにされ（コーターへ送られた紙は、表面を塗料で加工され）、巻き取られる。その後、用途に合わせカッターで裁断されて紙は製品として完成する。

　紙は要望に応じて、いろいろな機能をつけて供給されており、それぞれの紙の特性を生かした使い方が大切である。最近では、多くの再生紙が用いられるが、古紙の利用で一番むずかしいのは、印刷された墨を抜く脱墨技術である。新聞や雑誌古紙が使われる場合、背固めの糊やさまざまな材質の付録、とりわけ、CD-ROM などの不純物を取り除くことが、欠かせない技術となっている。

　パルプ材は、消費されることで森林が活性化され、積極的な森林経営を営むことで、森林面積は増加しているが、紙は限られた資源であり、無駄な使用は慎みたい。

　日本の古紙利用率は約60％で、世界のトップレベルにあるが、強度の問題があり、パルプのリサイクルは、3〜5回が限度である。

2. 紙の基本特性（紙の表裏・紙の目）

　洋紙は製造工程上、ワイヤーに接しているほうが紙の裏面となり、空気に接しているほうが表面となる。製造工程で一定方向にパルプの繊維の流れる方向がそろっていく状態が生まれ、「紙の目」が生まれる。断裁された規格紙の長い方向に目が走っている紙を「縦目の紙」、短い方向に目が走っている紙を「横目の紙」という。

　通常、本は背と平行に目が通っていなければならない。このような状態を「順目」といい、目が背と直角に交わる状態を「逆目」といい、本の開きが悪くなる（次ページの中段の図版参照）。

縦長の本を考えた時、A5判・B5判・菊判のように奇数列の本には「縦目の紙」を使い、A6判・B6判・四六判のように偶数列の本には「横目の紙」を使用する。

A判本列とB判本列の面積比率は「1.509倍」、B判本列とA判本列の面積比率は「0.66倍」となっており、紙の縦横の仕上がり寸法比率は、「1：1.414」となっている。

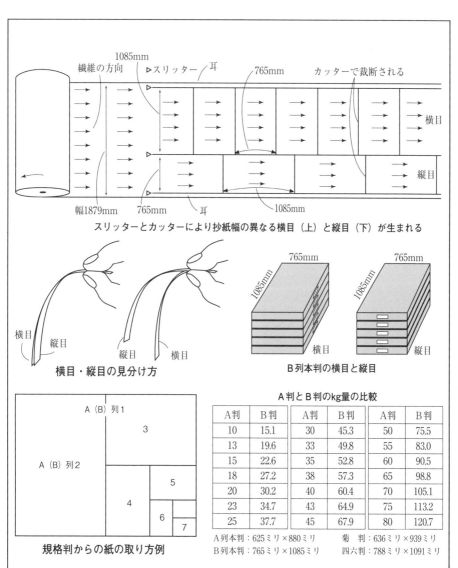

スリッターとカッターにより抄紙幅の異なる横目（上）と縦目（下）が生まれる

横目・縦目の見分け方

B列本判の横目と縦目

規格判からの紙の取り方例

A判とB判のkg量の比較

A判	B判	A判	B判	A判	B判
10	15.1	30	45.3	50	75.5
13	19.6	33	49.8	55	83.0
15	22.6	35	52.8	60	90.5
18	27.2	38	57.3	65	98.8
20	30.2	40	60.4	70	105.1
23	34.7	43	64.9	75	113.2
25	37.7	45	67.9	80	120.7

A列本判：625ミリ×880ミリ　　　菊　判：636ミリ×939ミリ
B列本判：765ミリ×1085ミリ　　　四六判：788ミリ×1091ミリ

用紙の表裏・紙の目

12. 紙の重さと厚み

1. 紙の重さと厚み

紙の重さの基本単位は、坪量「g/m²」で表されるが、通常、連量（1連は全紙1000枚の重さ、板紙は100枚の重さ）［kg］で表示される。

坪量「g/m²」が同じであっても、連量は違い、1連の重さで「紙の厚さ」を表現する。「A判45kgはB判67.5kg」に相当するが、厚さは「同じ」となる。

2. 紙の種類と用途

用紙の選択に当たっては、印刷適性、造本適性を考えて、カバー、表紙、本文、見返しなどそれぞれの用途に合わせた紙の選択が重要である。

いったん使用された用紙は、重版時にも使用するので慎重に選ぶこと。また、仕上がり寸法に見合った用紙を選択すること（⇒38ページ参照）。

用紙の種類と用途

種類	性質	適応版式	用途
非塗被紙（アンコーテッドペーパー）			
更紙（漫画紙；仙花紙；古紙100％）	表面粗雑、インク乾燥早い白色度低い、耐久力弱い	活版、活版輪転オフセット輪転	雑誌、マンガ、コミック誌新聞、広告用チラシ
中質紙	更紙よりは白色度が高い	活版、オフセットオフセット輪転	雑誌、書籍、教材、教科書郵便はがき
上質紙	表面平滑、白色度が高い、こしが強い	活版、オフセットオフセット輪転グラビア	雑誌、雑誌表紙書籍本文、教科書ポスター、カタログ
グラビア紙	表面平滑、光沢あり、やや黒っぽい、インクの乾燥は遅い	グラビア	各種グラビア印刷雑誌本文・口絵
塗被紙（コーテッドペーパー）			
アート紙	表面平滑、光沢大、こしが弱い、PP貼り効果大	原色版、写真版多色オフセット多色グラビア	豪華本、雑誌表紙・口絵パンフレット、カタログカレンダー
つや消しアート紙	光沢なし、インクの吸収不良、上品な印刷効果がある	写真版オフセットグラビア	美術誌・口絵パンフレットカレンダー
コート紙、マシンコーテッド紙	表面はアート紙よりやや粗いアート紙よりインクの光沢少ない、こしが強い	写真版、オフセットオフセット輪転グラビア	口絵・本文紙パンフレット、チラシタバコの包装紙
軽量コート紙	表面はコート紙よりやや粗いコート紙よりやや光沢が少ない	写真版オフセットオフセット輪転	雑誌口絵広告用チラシパンフレット
＊アート紙：1m²あたり40g（片面20g）前後の塗料を塗布			
＊コート紙：1m²あたり20g（片面10g）前後の塗料を塗布			
＊化学パルプ100％で作るのが上質紙、70％以上（残りは機械パルプ）が中質紙となる。			

第3章

雑誌づくりの基礎知識

　本章では、雑誌と書籍の違いを考えながら、雑誌づくりの基本について学びます。雑誌づくりの製作も、現在では、そのほとんどがDTP編集に移行していますが、「DTP編集の基礎知識」は第4章で学ぶこととし、ここでは、従来どおりの製作手法を中心に学びます。

1.　雑誌の特徴、特性などを考え、雑誌づくりのプロセスと、編集長とスタッフの役割について学びます。

2.　企画会議・編集会議のあり方、原稿依頼の仕方、取材と執筆、インタビューの仕方など、雑誌製作の実際について学びます。

3.　表紙の作り方、レイアウトの基本と割付、進行管理の仕方などについて学び、雑誌づくりの実務をマスターします。

4.　日本雑誌協会規定の「雑誌作成上の留意事項」について学び、雑誌の製作上のさまざまな制約事項や付録の緩和規定などの実務知識をマスターします。そして最後に「雑誌編集倫理綱領」について学び、雑誌メディアのあり方について考えます。

　なお、本章では、紙数の関係上「雑誌広告」についてはふれていませんが、情報としての広告の役割と雑誌を支える経済的な意義についても考えていただければ幸いです。

　また、日本雑誌協会では、デジタル化時代に対応するための「デジタル雑誌配信の権利処理ガイドライン」なども公表しています。

1. 雑誌づくりと編集部の役割

1. 雑誌の特徴

『出版事典』（出版ニュース社刊）によると、雑誌（MAGAZINE）とは「一定の編集方針の下に、種々の原稿を集め、定期的に刊行される冊子」と定義されている。

英語の MAGAZINE には、「弾薬庫、火薬庫、倉庫」などのさまざまな意味があり、転じて「知識の倉」から、マガジンという概念が生まれた。

MOOK とは、「MAGAZINE＋BOOK」から派生した造語で、「書籍風の雑誌」を意味し、多くのビジュアルな MOOK が発行されている。

『出版事典』では、本（BOOK）とは「ある種の装幀により保護され、背の一端で固められた紙葉に書かれた物」と定義されている。

2. 雑誌の特性

雑誌には、月刊誌や週刊誌あるいは季刊誌、年報誌、不定期誌などがあり、それぞれの性格や読者層によって、編集方針や編集手法が異なってくる。

製作面から見ると、ビジュアルな要素が多いが、基本的には、書籍の編集とあまり変わりはない。

製本方式から見ると、週刊誌などの「中綴じ」方式もあるが、ほとんどが「無線綴じ」である。

発行目的から見ると、「一般誌、専門誌、同人誌、機関誌、会誌、PR誌」などに分類される。

また、ジャンル別（出版統計の分類）に見ると「児童・婦人・大衆・総合・文芸・芸能・美術・音楽・生活・趣味・スポーツ・経済・社会・時局・哲学・学参・語学・教育・地理・法律・化学・工学・医学・農林水産」などの各ジャンルに分けられる。

雑誌を書籍と比較した場合、次のような特徴がある。

(1) 企画に柔軟性がある（親しみやすさ、気やすさ）
(2) 読者・社会情勢への適応性、整合性が高い。
(3) 定期性があり、継続発行ができる（安定軌道に乗せることがむずかしい）。
(4) ビジュアルな要素が強い（デザイナーやレイアウターとの協力が必要）。
(5) 企画から販売までの期間が短い（時間的制約が大きい）。
(6) 在庫管理の必要性がない（返品率は書籍より低い）。
(7) 流通ルートには書店だけでなくキオスク・CVS などの多様なルートがある。
(8) 編集上、多機能な技能、技術、知識が要求される。

今、雑誌全体の販売部数は低迷しており、「雑誌のあり方」が問われている。販売額は最盛期の50%に落ち込んでおり、その打開策として、「電子雑誌」の発行が業界の生き残り策とし

て研究され、多様な電子雑誌が発行されている。

3. 雑誌づくりのプロセス

（1）編集長の役割

雑誌は、編集長の個性や編集方針により、大きくその性格が変わることがある。雑誌の編集長は、雑誌運営の責任者として「進行管理、品質管理、コスト管理」を担うプロデューサーであり、ときには、デザイナーやレイアウターとしての役割を持っている。

また、編集方針（コンセプト）を貫く「強い意志と決断力」が要求され、同時にスタッフの能力を生かす「あたたかさと厳しさ」が要求され、何よりも「時代をとらえる鋭い感性と行動力」が要求される。

（2）スタッフの役割

編集方針をよく理解し、自分の持ち味を生かした雑誌づくりと、スタッフの一人ひとりが一丸となって、「マンネリを打ち破る新しい息吹」を雑誌に吹き込む情熱が要求される。

また、自らの編集力、取材力を高める努力を養うため、「エキスパートになること（自分の持ちテーマに強くなる）」「雑誌をたくさん見ること（テーマや手法をよく学ぶ）」「自分自身のブレーンをつくること」「アイデアをメモすること」「執筆者の話をよく聞くこと」「読者と対話すること（アンケートやSNSを大切に）」などに留意してほしい。

現在の雑誌づくりには、さまざまな形で、外部の編集プロダクションとの協力が欠かせない状況になっている。

取材・原稿整理・校正・デザイン・レイアウト・撮影などだけでなく、製作全般を依頼することもある。

なお、雑誌づくりのパートナーとして、編集プロダクションとの協力にも留意してほしい。

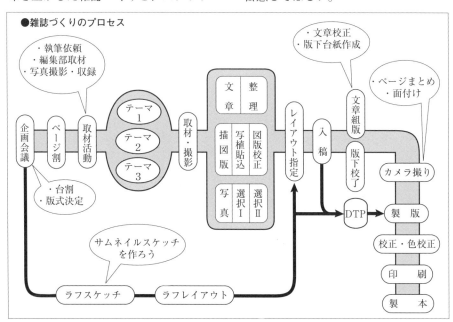

●雑誌づくりのプロセス

2. 雑誌製作の実際

1. 企画会議と編集会議

　雑誌は、複数の編集者の総合力で作られる。したがって、定例的な企画会議や編集会議で、それぞれのアイデアや企画が検証され、原稿依頼や取材が行われる。

　企画会議では、積極的な提案を行うことと、時流に合ったテーマを出し合うことが重要である。そのためには、日常的に「企画」を考え、アイデアが浮かんだときには、必ずメモを取る習慣を身につけることが大切である。

　また、雑誌は、油断すると同じ企画の焼き直しになることがある。マンネリにならないためには、さまざまな情報に早く、「いつも新鮮なテーマ」を提案することが大切である。そのためには、読者からの投稿、質問などがヒントになることも多く、読者とともに時代を見つめ考え合う姿勢と、読者より「ちょっと前を歩く」ことが重要である。

　雑誌の企画が停滞したときには、あらためて、その雑誌の創刊のコンセプトを明確にし、「原点に戻る」ことが大切である。

2. 原稿依頼のポイント

　さて、企画会議で、具体的な企画が決定されると、それぞれの担当者ごとに企画依頼や取材が行われる。

　雑誌の性格にもよるが、一般に月刊誌の場合は、依頼原稿が多く「どのテーマをどの執筆者に依頼するのか」がポイントとなり、週刊誌の場合には、取材原稿が多く、「どのテーマをどのように取材するのか」が重要になる。

　原稿依頼は、面談による場合と電話やメール、手紙による場合があるが、「テーマを明確に」「原稿文字数と締切日を忘れずに」「原稿料の目安」などが大切である。

　原稿依頼に慣れていない新人であっても、依頼は編集部を代表して、執筆家と対話する1対1の仕事である。執筆家との誠実な真摯なつき合いの中から、信頼が生まれ、新しい企画に結びつくことも多い。原稿をいただいた後の「受領のお礼」を電話やはがきやメールで忘れずに行うことも大切である。

3. 取材と執筆

　取材は電話やメールでアポイントをとり、先方の都合に合わせること。編集部の都合を優先する場合でも、訪問日を複数案用意して、先方に選んでもらうこと。インタビューや取材にあたっては、まず、先方の「仕事の内容」「研究テーマ」「他誌に掲載された記事」「刊行されている書籍」などをできる限り調査して、把握しておくことが大切である。

4. 取材原稿の心得

　取材原稿には、新聞記事と同様に「いつ（When）、どこで（Where）、

だれが（Who）、何を（What）、なぜ（Why）、どのようにして（How）」という5W1Hを記事中に配置することが鉄則である。

また、取材記事には、「正確さ、明瞭さ、簡潔さ」などの取材力と同時に、記事を読ませる「魅力、変化、タイトル、見出し」などの表現力も重要である。

インタビューにあたっては、「カメラとICレコーダー」を用意することと、いきなり、録音を始めるのではなく、適切な話題で、対話する相手の気持ちを和ませながら、自然にインタビューに入ってゆく会話術を身につけることが大切である。

専門のカメラマンが同行する場合は問題がないが、編集者自らが写真を撮らなければならない場合は、対話しながら、正面・左右両方など、さまざまな角度から撮影し、相手の自然な顔を撮影することが重要である。

取材記事は、できるだけ簡潔にまとめることが重要で、あまり長いセンテンスを用いないこと。長くとも1つのセンテンスを5〜10行以内にすると読みやすい。

あまり長い修飾語は避け、主語と述語をはっきりさせることなど、読みやすさを考えた文章作りに慣れることが重要である。

また、週刊誌などでは、フリーランスなど外部の取材者に協力を求めることも多く、データマン（取材者）の取材原稿を1つの原稿に仕上げるアンカーとして、「リライトできる能力」（判断力）が求められることもある。

◎ジムマンの雑誌健康診断法

①あなたの雑誌のスタイルとかパーソナリティは、まちがいなく認識できるか。ホットな雑誌はユニークだが、表紙をはがすと他の雑誌と見分けのつかない雑誌がある。

②雑誌の内容が最近話題になりましたか。話題になってなければ、雑誌は冷却期にある。

③雑誌編集上の意図を手短にまとめられるか。スタッフが編集意図を正確にまとめられないようでは、チームとしての仕事をしていない証拠である。
◎雑誌が冷却しつつある証拠。

④最新号の記事で、ライバル誌が扱っていない記事はいくつか。企画力が低下してくると、他誌と同じような記事となり、特徴をなくしてしまう。

⑤ニュース記事は別として、最新号は2年前の号と似ていないか。うっかりしていると、1年前、2年前と同じ目次になってしまう。よくあることである。

⑥有料部数の伸び率が雑誌市場の人口の伸び率を下回っていないか。市場人口が増大しているのに雑誌部数が増えないのはどこかに欠陥がある。

⑦一部売り販売部数が大幅な上下をしていないか。上下しているならば、雑誌が"健康"を害しはじめた徴候である。

⑧本文と無関係な広告を獲得するのに、広告スタッフが多くの時間を費やしていないか。広告も記事である。広告の内容・コピーは雑誌の読者を意識したものでなければならないのに、関係ない広告が入っていないか。

⑨正規の予約料金を割引して予約読者を獲得していないか。

⑩最近号を受けとって1週後にもその号を読んでいない読者の比率が高くなってはいないか。

（出所：『入門雑誌づくり』小林一博著）

3. レイアウトの基本と割付

雑誌づくりには、さまざまな制約があり、『雑誌作成上の留意事項』（日本雑誌協会発行）をよく心得ておくことが大切である（⇒64ページ参照）。

1. 雑誌・目次の表紙のつくり方

表紙は雑誌の顔である。読者を惹きつける魅力的な美しいモチーフに見合った表紙づくりを心がけること。表紙には、その号の特集やメインテーマの表示など、適切なキャッチコピーを配置することが、売れ行きを左右するほど重要である。また、表紙は、クライアントからの出稿により、タイアップページとなることもある。

雑誌表紙には、その雑誌の題号・月号の他、法定文字など、落としてはならない文字の数々がある。雑誌の「題号」は登録しておく必要がある。

なお、2004年6月から、新しい「共通雑誌コード」が採用されている。

目次も表紙と同様に「訴求力」が優先され、書籍とは違い見開きで作られることが多く、特集や連載など目玉テーマをわかりやすく配置することに留意する。

2. レイアウトの基本

雑誌のレイアウトは、そのページの読みやすさを左右する。現在の雑誌の多くは、読みやすさとともに「見る雑誌」としてビジュアルな視覚要素が重視される。

昨今では、雑誌のレイアウトは、デザイナーやレイアウターに依頼することが多いが、編集部でレイアウトするときは、次のような点に留意する。

表紙、目次、本文記事（特集、連載、ニュース、情報、コラム、編集後記）などを編集方針に基づき、バランスよく配置することが重要である。記事の配置（ページ割り）により、レイアウトや誌面構成など、雑誌誌面の演出が変わる。

上手な誌面構成が最後まで読者を惹きつける重要な要素であり、原則として、雑誌の記事は見開きから始め、記事の誌面構成を決める。2ページものは必ず見開きにし、1ページものは基本的に奇数ページに置く。

また、広告も貴重な情報源である。とりわけ、記事の対面広告や割込広告の扱いに注意すること。

3. 割付用紙

台割表に基づき、レイアウトなど誌面デザインをサムネイルスケッチ（小さなラフスケッチのこと。サムネイルは親指の爪の意）用紙に描いて、全体のイメージを構成する。

サムネイルに基づき割付用紙にレイアウトの指定を行う。この指定は原稿の指定とともに、版下製作者や印刷所の組版、製版者に、写真や図版のトリミング、縮尺率、文字との組み合せ方法などを的確に伝えるものでなければならない。

割付情報として、本文の書体、級数、字詰め、行間、行数、段間などを設定して、本文の基本版面を決め、天地、のど、小口、ノンブル、柱などの位置を決める。雑誌などの版面などの基本的要素は、割付用紙で定められていることが多い。

4. 台割表・進行管理表

台割表は、編集者、エディトリアル

デザイナー、広告担当、印刷会社など雑誌作りに携わる人が共通で使用する進行マニュアルである。台割表を進行管理表として活用するケースが多い。

台割とは、普通、製本機にかけるページ数の単位で16ページ、32ページまたは8ページごとにわけられる（⇒48ページの解説参照）。

◎雑誌編集倫理綱領

文化の向上と社会の進展に寄与すべき雑誌の使命は重大であり、国家、社会に及ぼす影響も大である。この社会的責任により、雑誌は高い倫理水準を保たなければならない。

われわれ雑誌編集人は、その自覚に基づいて、次の指標をかかげ、自ら戒めてその実践に努め、編集道義の向上を図るものである。

1. 言論・報道の自由

雑誌編集人は、完全な言論の自由、表現の自由を有する。この自由は、われわれの基本的権利として強く擁護されなければならない。

2. 人権と名誉の尊重

個人及び団体の名誉は、他の基本的人権とひとしく尊重され擁護されるべきものである。

(1) 真実を正確に伝え、記事に採り上げられた人の名誉やプライバシーをみだりに損なうような内容であってはならない。

(2) 社会的弱者については充分な配慮を必要とする。

(3) 人種・民族・宗教に関する偏見や、門地・出自・性・職業・疾患等に関する差別を、温存・助長するような表現であってはならない。

3. 法の尊重

法の存在を強く尊重する。これを犯すものは、きびしく批判されなければならない。

(1) 法及びその執行に対する批判は自由に行われる。

(2) 未成年者の扱いは充分慎重でなければならない。

(3) 記事の作成にあたっては、著作権等に関する諸権利を尊重する。

4. 社会風俗

社会的秩序・道徳を尊重し、健全な社会・家庭の建設に寄与すべきである。

5. 品位

雑誌は、その文化的使命の故に、高い気品を必要とする。本綱領を実践することこそ品位を保つ最善の道であり、この綱領に忠実な雑誌は、広く社会の支持を受けるであろう。

われわれ雑誌編集人は、言論・報道の自由を守りつつ、道義的結合を固くし、出版界全般の倫理水準の向上保持につとめるべきである。

(1) 児童の権利に関する条約の精神に則り、青少年の健全な育成に役立つ配慮がなされなければならない。

(2) 性に関する記事・写真・絵画等は、その表現と方法に充分配慮する。

(3) 殺人・暴力など残虐行為の誇大な表現はつつしまなければならない。また、犯罪・事故報道における被疑者や被害者の扱いには充分注意する。

1963年10月16日制定（1997年一部改正）
社団法人　日本雑誌協会

■資料：雑誌作成上の留意事項
（日本雑誌協会 /2001 年改訂版より要約）

I. 雑誌（本誌）の形式・材質

大量部数の雑誌を短時日に印刷・製本の作業を行うため、また、取次会社から書店までの流通段階における荷さばきや梱包等の人的作業を支障なく行うため、さらに返品処理（古紙流通まで）を効率よく行うため、雑誌の形式・材質について留意すべき事項は、次のとおりである。

1. 表紙サイズ　表紙は、本紙の面積の5分の4以上とする。
2. 表紙の折り返し
   (1) 折り返し部分は、内側への折り返しと化粧裁ちすることを原則として、表1(2)、表4(3)の両方同時にできる。
   (2) 折り返しの回数は、3回までとする。3回以上の折り返しはどちらか一方とする。
3. 表紙にはブックカバー、ハードカバー、タック紙を使用しない。
4. 本誌には紙以外の材質のものを通常使用しないが、厚紙又は紙以外の材質のものを綴じ込み、貼り込みする場合には、発送、荷さばき、輸送段階、小売店の荷扱い、返本処理等で支障のない物とする。（付録に材質規定あり）
5. ページを開くと折りたたんだ部分が箱状に起立する、いわゆる「立体物」の仕様は、材質を紙のみとし、発送荷さばき、輸送作業段階で支障のない範囲（結束荷姿で安定させる）までとする。
6. ミシン加工及び抜き打ち加工、フレンチ加工
   (1) 本誌にミシン加工を行う場合には、流通及び小売店頭において支障のない範囲にとどめる。ミシン加工は、表1(2)にも行うことができる。
   (2) 本誌に抜き打ち加工を行う場合には、流通及び小売店頭において支障のない範囲にとどめる。表1(2)にも行うことができる。強度を保全するための加工の際は、表紙面積の10%を基準とする。
   (3) 本誌にフレンチ加工を行う場合には、流通及び小売店頭において支障のない範囲で、表1(2)に限って行うことができる。（加工の際は、表紙ノドから5分の4以上出し、13cmを下回らず、重なる部分が5cmを基準とする。
7. 香（におい）印刷を行うことができる（但し、表紙を除く）。

8. 現物見本（サンプル）等を本誌・別冊付録の広告ページおよびスポンサーとのタイアップ編集ページに掲出することができる（輸送上の注意など以下略：化粧品など）。
9. コンパクトディスク等の記録再生メディアを本紙に貼付することができる（別冊付録及び付録のセットに挿入するものもこれに準ずる）。なお、店頭での散逸・盗難防止に配慮するとともに、流通上支障ないようにし、人的作業の支障及び破損防止のため、凹凸のない形態にする。

II. 表紙への表示

取次会社及び書店等における多品種・大量の雑誌の荷さばきや伝票との照合作業等を効率的・正確に行うため、また、読者の雑誌購入時の混乱防止のために、表紙への表示について留意すべき事項は、次のとおりである。

1. 雑誌名は、表紙一面の上部に他の文字と混同しないよう、明瞭に識別できる形で表示する。また雑誌名が縦書きの場合にも、表紙一面の上部から表示する。
   なお、臨時増刊の場合には、表紙一面の上部に、何号の臨時増刊であるかを明瞭に識別できる形で表示する（14ポイント以上で表示する）。
2. 雑誌の発行形態別に以下のように発行期間を限定して表示する場合には、表紙一面に2号（21ポイント）活字以上で表示する。
   (1) 週刊誌：発売日から15日先までの月日。
   (2) 旬刊誌・隔週刊誌・月2回刊誌：発売日から1ヵ月先までの月日（月旬）。
   (3) 月刊誌・隔月刊誌：16日発売以降は、2ヵ月先までの月（45日先まで）。
   (4) 季刊誌：16日発売以降は、2ヵ月先までの月または発行期間を示す季節。
   (5) 増刊号は (3) に準じた月／号もしくは月号を表記する。
   ＊返品期限の例として① 9.24 の記号を入れる。
3. 価格・雑誌コード・発行所・住所・発行人・編集人・発行月日・発行の定日・逐号番号は、表紙四面に表示する。なお、奥付のある雑誌の場合には、価格及び雑誌コード以外の事項は奥付に表示する。
以下「III. 付録の形式・材質」は省略。
（なお、「雑誌作成上の留意事項」は2017年改訂版が発行されているが、上記基本事項は同じである）

第4章

DTP の基礎知識と InDesign 入門

本章では、Adobe 社の InDesign という DTP ソフトを使って、DTP の基礎知識と InDesign の基本的な操作方法を学びます。

1. DTP とは何かということを学びます。

2. DTP を行うにあたって、必要な知識について学びます。

3. DTP の定番ソフトである InDesign の特徴を知ります。

4. InDesign の各部の名称について知ります。

5. InDesign を使った DTP の手順について学びます。

6. 実際に InDesign を使いながら、手順のそれぞれの場面における操作方法について学びます。

なお、本章では、紙数の関係上、基礎的なことしか解説できません。詳しくは、姉妹書の『編集者のための InDesign 入門〈改訂増補版〉』をご活用いただければ幸いです。

1. DTPとは？

1. DTP という言葉

DTPというのは、Desk Top Publishing（卓上出版、机上出版）の略で、アメリカの Aldus 社（アルダス）の社長であるポール・ブレイナードが1985年にページレイアウトソフト「Page Maker」の販売開始にあたって、提唱した言葉である。

この DTP の登場によって、かつては、組版をすべて印刷所にまかせっきりだったのが、家庭やオフィスにおいても、自前のパソコンとプリンタを 使って、組版ができるようになった。

DTP が普及し始めたのは、1985年に Aldus 社がアップル社の Macintosh 用組版ソフト Pagemaker を発売してからである。

その後、DTP ソフトは PageMaker から QuarkXpress にとって代わられ、1999年に Adobe 社が Adobe InDesign を発売すると、それが主流となり、現在では DTP ソフトの定番となっている。したがって、本書で扱う DTP ソフトも Adobe InDesign である。Adobe InDesign の最新版は、Adobe Creative Cloud の Adobe InDesign 2020 である。

2. DTP の三種の神器

DTP を行うにあたって、主体となるソフトは、Adobe InDesign であるが、それだけでは DTP はできない。図や絵を描いたり、写真などの画像を処理するソフトが必要になる。

図や絵を描くソフトの代表格が Adobe Illustrator であり、画像処理ソフトの代表格が Adobe Photoshop である。ともに Adobe 社の製品である が、DTP を行うにあたってこの3つのソフトは必要不可欠なので、"DTP の三種の神器" と呼ばれている。

3. DTP を行うにあたって必要なその他のもの

DTP を行うにあたって、"DTP の三種の神器" 以外にも必要なものがある。

（1）フォント

文字を出力するには、フォントが必要である。フォントは基本的には PostScript（Adobe 社が開発したページ記述言語）対応のものが望ましい。フォントとしては以下のものがある。

- 各社のオープンタイプの PostScript フォント
  モリサワ（モリサワパスポート、435 書体、年5万4780円）、大日本スクリーン、その他）
- Windows に付属の TrueType フォント

（2）パソコン

Macintosh または Windows のパソコン。

（3）プリンタ

レーザープリンタまたはインクジェ

ットプリンタ。

インクジェットプリンタは安価であるが、出力に時間がかかるのと、インクの交換を頻繁に行わなくてはいけないという難点があるので、できればPostScript対応のレーザープリンタのほうが望ましい。

4. DTPを行うにあたって必要な知識

（1）画像の解像度について

①カラー（グレースケール）画像の場合

原寸で印刷の線数の2倍の解像度が必要

（例）175線で印刷する場合

175 × 2 = 350dpi は必要

②白黒画像の場合

1200dpi は必要

（2）カラー画像のモードについて

カラー画像には、印刷用のCMYKモードとディスプレイ用のRGBモードがある。

CMYK というのは、C = Cyan（シアン）、M = Mazenta（マゼンタ）、Y=Yellow（イエロー）、K=Black（ブラック）の4色を重ね合わせて色を表現するモードである。

それに対して、RGB は R=Red（レッド）、G=Green（グリーン）、B=Blue（ブルー）の3色の重ね合わせで表現するモードである。

デジカメやスマホで撮影したカラー画像は、RGB モードなので、印刷物で使用する場合は、Photoshop などのソフトで必ずCMYK に変換してから使用しなければならない。

（3）ノックアウトとオーバープリント

色の上に文字をのせたり、2つの色を重ねたりするときのやり方には、ノックアウト（毛抜き合わせ）とオーバープリント（のせ）の2つがある。

ノックアウトは、上にのせた部分を下の色から抜くもので、それに対してオーバープリントは、下を抜かずにそのままのせるものである。

ノックアウトの場合は下を抜いているので、上の文字や画像の色がそのまま表現されるが、オーバープリントは下を抜いていないので、重ねた部分が上の色と下の色が混ざった色になる。

Adobe Illustrator では、デフォルトでノックアウトになっているので、オーバープリントにしたい場合は、そのために設定し直さなくてはいけない（⇒ 115 ページ参照のこと）。

ノックアウトとオーバープリント

2. InDesign の各部の名称

InDesign には、メニュー、ツール、パレットなど、作業のための道具がいろいろ備わっている。ここでは、必要最少限のこれらの名称を紹介する。下の図を見ながら、覚えておいてほしい。

1. InDesign の各部の名称

②コントロールパネル　　①メニューバー

③ツールボックス

④ドキュメントウィンドウ

2. メニューバー

InDesign メニュー

ファイルメニュー

編集メニュー

レイアウトメニュー

書式メニュー

オブジェクトメニュー

表メニュー

表示メニュー

ウィンドウメニュー

ヘルプメニュー

3. # 新規ドキュメントの作成

InDesign を使った DTP では、まず最初に新規ドキュメントの作成を行う。この作業の段階で、ページの大きさ、レイアウトグリッドの作成あるいはマージン設定、本文のフォントの種類とサイズの決定など、基本的な設定を行う。

① ［ファイル］メニューから［新規］
　 → ［ドキュメント］とたどる。

② ［新規ドキュメント］の画面で、書
　 籍の判型を決定する。判型は A5
　 判なので、幅 = 148mm、高さ =
　 210mm である。［幅］のところに
　 「148」、［高さ］のところに「210」
　 と入力する。

③次に、［方向］を決める。［方向］と
　 いうのは、本が縦長か横長というこ
　 とである。この本は縦長なので、
　 ［方向］は 📄 を選ぶ。続いて、綴じ
　 方を決める。この本は横書きで左綴
　 じなので、A を選ぶ。さらに、［レ
　 イアウトグリッド］をクリックする。

④［レイアウトグリッド］の画面が表示
される。最初は、組み方向である。
［組み方向］のところで☑をクリックし
て［横組み］にする。続いて、［フォン
ト］のところで☑をクリックして
［A-OTF リュウミン Pro］の［R - K
L］を選ぶ。次にサイズを「13Q」と
入力し、行間に「6.5」と入力する。

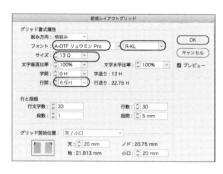

④続いて、行文字数は「17」、行数は
「38」、段数は「2」、段間は
「9.75mm」と入力する。

⑤さらに、天は「13mm」、地は「13.
375mm」、ノドは「14.25mm」、小
口は「13.5mm」と入力して、［OK］
をクリックする。

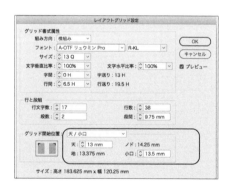

⑥こうして、A5 判で 2 段組の版面が
できあがる。

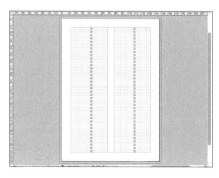

4. マスターページの作成（1）

マスターページとは、多数のページに同一のレイアウトをすばやく適用できるようにするためのページである。マスターページ上のオブジェクトは、マスターページが適用されているすべてのページに表示される。

1. マスターページにガイドラインを引く

① ［ウィンドウ］メニューから［ページ］を選ぶ。

②ページパレットが表示されるので、［A-マスター］の見開きアイコンをクリックする。

③マスターページが表示される。

④ノンブルと柱を付けるためのガイドを引いてみる。ガイドを引く前にガイドを引く位置を決めるための原点を設定する。左ページの版面の左下を原点にする。原点の設定のしかたは、左上の⊞にカーソルを合わせてドラッグする。原点にしたいところまでドラッグして放す。

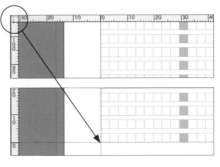

⑤版面の左下が原点（0）になった。
では、ガイドを引いてみよう。最初
は原点の位置にガイドを引く。上の
定規の位置からドラッグして、原点
の位置でマウスを放す。原点の位置
にガイドが引かれた。

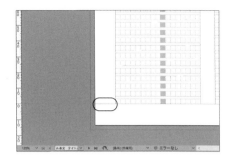

⑥次に、縦のガイドラインを引く。左
側の定規からドラッグして版面の左
側の位置でマウスを放す。すると、
縦にガイドラインが引かれる。

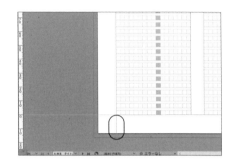

⑦次に、ノンブルと柱の位置にガイド
を引いてみよう。ノンブルは罫下か
ら6.5mmの位置にする。罫下から
6.5mmの位置にガイドを引く。

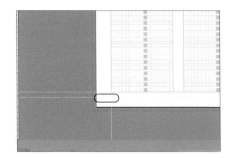

⑧右側のページも同じようにガイドを
作成しておく。

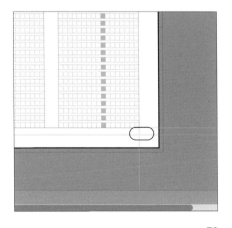

5. マスターページの作成（2）

1. マスターページにノンブルと柱を配置する

①最初にノンブルを配置する。ツールパレットの［文字ツール］をクリックしてから、左側ページのガイドラインを引いた罫下から 6.5 mm のところでマウスをドラッグしてテキストボックスを作る。

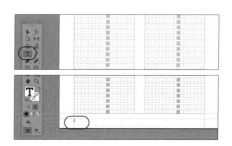

②［書式］メニューで［特殊文字を挿入］→［マーカー］→［現在のページ番号］とたどる。

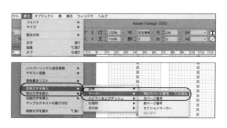

③すると、テキストボックスに「A」と表示される。

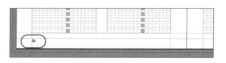

④ノンブルのフォントサイズを変更する。「A」を選択してから、フォントは「A-OTF リュウミン Pro」の「R-KL」を選ぶ。サイズは 13Q、行送りは 19.5 H にする。

⑤次にノンブルを右のページにも付ける。ノンブルが挿入されたテキストボックスを選択して［Option］を押しながらドラッグすると、ノンブルがコピーされる。

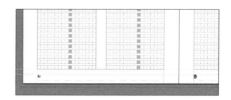

⑥さらに、ノンブルを右寄せにする。
　[段落]のところで[右寄せ]をクリッ
　クすると、ノンブルは右寄せになる。

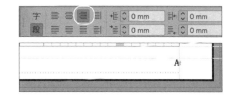

⑦今度は柱を作る。ツールパレットで
　文字ツールをクリックしてから、右
　ページの天から5mmのところにテ
　キストボックスを作る。

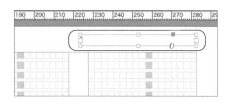

⑧そこに「第3章●雑誌づくりの基礎
　知識」と入力する。

⑨入力した「第3章●雑誌づくりの基
　礎知識」の文字列を選択して、フォ
　ントとフォントサイズを[A-OTF
　ゴシックMB101]の[R]で[11Q]
　にする。

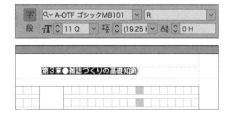

⑩ここでさらに、「3」はA-OTFゴシッ
　クMB101」の[B]で[14Q]に、「第」
　と「章」はA-OTFゴシックMB101」の[R]
　で[10Q]に、「●」はA-OTFゴシッ
　クMB101」の[R]で[8Q]に変更する。

⑪柱を右寄せにする。これで柱は完成
　である。

6. マスターページの作成 (3)

1. マスターページに節見出しを配置する

①本文で見開きごと、あるいは数ペー
　ジごとの左ページに同じようなパタ
　ーンの節見出しが出てくる場合は、
　マスターページにその節見出しのパ
　ターンを配置しておく。

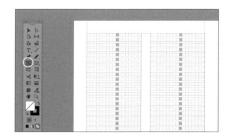

②ツールパレットで四角の図形を選択
　する。その上でマウスをドラッグし
　て、図形を挿入するための長方形の
　枠を作る。

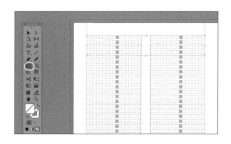

③作った長方形の枠を選択した状態で、
　［ファイル］メニューから［配置］
　を選ぶ。

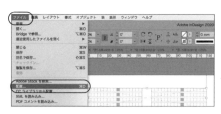

④「節カット.ai」を選び、［開く］を
　クリックする。

⑤節見出しのイラストが配置される。

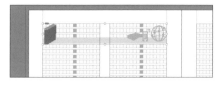

2. マスターページに名前を付ける

①作ったマスターページに名前を付ける。ページパレットの右上をクリックして［マスターページ設定"A-マスター"］を選ぶ。

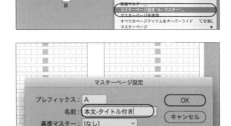

②［マスターページ設定］の画面が表示される。［名前］のところに「本文-タイトル付き」と入力する。

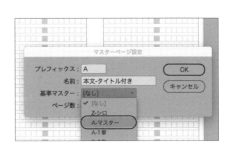

③［基準マスター］のところで ▤ をクリックする。

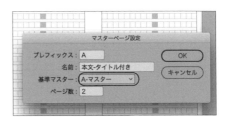

④［A-マスター］を選ぶ。

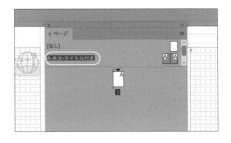

⑤マスターページの名前が「A-本文-タイトル付き」になる。

7. スタイルシートの作成（1）

レイアウトをする場合、タイトルや本文など、文字の大きさやフォントは変わってくる。それをいちいち指定していたのでは大変なので「スタイルシート」を作成する。「スタイルシート」には、「段落スタイルシート」と「文字スタイルシート」がある。

1. 本文の段落スタイルシートを作る

① ［書式］メニューで［段落スタイル］を選ぶ。

② ［段落スタイル］の画面が表示されるので、右上の■をクリックして［新規段落スタイル］を選ぶ。

③ ［新規段落スタイル］の画面が表示される。

④ ［スタイル名］に「本文」と入力する。

⑤ ［フォント］を［A-OTFリュウミンPro］に、［スタイル］を［R-KL］に変更する。

⑥左側のメニューで［インデントとス
ペース］をクリックする。［揃え］
は［均等配置（最終行左 / 上揃え）］
に変更する。さらに、［1 行目イン
デント］を「3.25 mm」にする。

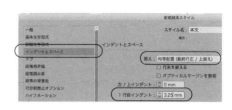

⑦左側のメニューで［日本語文字組
版］をクリックする。

⑧［禁則処理セット］を［弱い禁則］
に変更する。

⑨［ぶら下がり方法］を［標準］に変
更する。

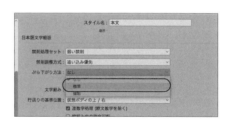

⑩［文字組み］を［行末約物半角］に
変更する。［OK］をクリックする。

⑪段落スタイルパレットに［本文］と
いう段落スタイルができる。

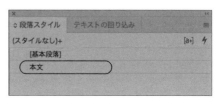

8. スタイルシートの作成（2）

1. その他のスタイルシートを作る

①まずは、節見出しの段落スタイルを作る。[段落スタイル] パレットの右上の■をクリックする。

②[一般]で [スタイル名] を「節題」に変更する。

③[基本文字形式]で[フォント]を[A-OTF ゴシック MB101 Pro]に、[スタイル] を [DB]、[サイズ] を [24Q]、[行送り] を [42H] に変更する。

④次に小見出しの段落スタイルを作成。[一般]で[スタイル名]を「小見出し1」に変更する。

⑤[基本文字形式]で[フォント]を[A-OTF ゴシック MB101 Pro]に、[スタイル] を [B]、[サイズ] を [13Q]、[行送り] を [19.5H] に変更する。

⑥最後に、小見出し2の段落スタイルの作成。[一般]で[スタイル名]を「小見出し2（パーレン数字)」に変更する。

⑦[基本文字形式]で[フォント]を[A-OTF ゴシック MB101 Pro]に、[スタイル] を [M]、[サイズ] を[13Q]、[行送り] を [19.5H] に変更。[OK] をクリック。

⑧ ［段落スタイル］パレットにいままで作った段落スタイルが表示される。

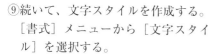

⑨ 続いて、文字スタイルを作成する。［書式］メニューから［文字スタイル］を選択する。

⑩ ［文字スタイル］パレットの■をクリックして［新規文字スタイル］を選択する。

⑪ ［新規文字スタイル］パレットの［一般］で［スタイル名］を「タイトル文字白」に変更する。

⑫ ［フォント］を［A-OTF ゴシックMB101-Pro］に、［スタイル］を［DB］、［サイズ］を［24Q］、［行送り］を［42H］に変更する。

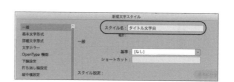

⑬ ［文字カラー］で文字の色を［紙色］に変更する。［OK］をクリックする。

⑭ ［文字スタイル］パレットに「タイトル文字白」という新しい文字スタイルができる。

9. テキストの流し込み

マスターページ、スタイルシートができあがったところで、テキストの流し込みである。
流し込むテキストは、Word やテキストエディタなどで作成したものを配置していく。

1. 節見出しを作る

①まず最初に節見出しを作る。ツール
ボックスで［文字ツール］をクリッ
クして、マウスでドラッグし、テキ
ストボックスを作成する。

②テキストボックス内に「1. 雑誌づ
くりと編集部の役割」と入力する。

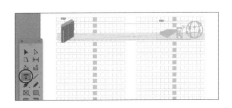

③「1. 雑誌づくりと編集部の役割」を
マウスでなぞって選択し、［書式］メ
ニューで［段落スタイル］を選ぶ。そ
こで［段落スタイル］の［節題］をク
リックすると、フォントとフォントサイ
ズが変わる。

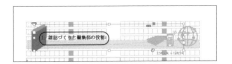

④次に、「1.」の部分の文字色を白に変
更する。「1.」を選択してから、［書式］
メニューで［文字スタイル］を選ぶ。そ
こで、［タイトル文字　白］をクリック
すると、「1.」の文字色が白になる。

⑤以上で節見出しが完成する。

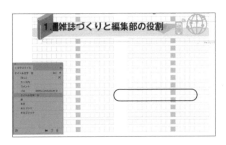

2. 本文を流し込む

①本文を流し込む前にフレームグリッ
ドの設定をする。ツールボックスの
［横書きフレームグリッド］ボタン
をダブルクリックして、表示された
画面で、フォント＝A-OTFリュウ
ミンPro R-KL、サイズ＝13Q、行間
＝6.5H、行揃え＝左／上揃え均等配
置として［OK］をクリックする。

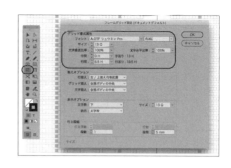

②ツールボックスの［横書きフレーム
グリッド］ボタンをクリックしてか
ら、マウスをドラッグしてフレーム
グリッドを作る。

③［ファイル］メニューから［配置］
を選ぶ。

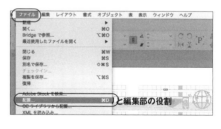

④本文のテキスト「雑誌づくりと編集
部の役割（本文)」を選択し、［開
く］をクリックする。

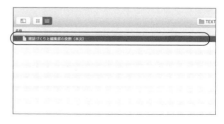

⑤最初の枠に文字が流し込まれる。

⑥フレームグリッドの右下に赤いマーカーが表示されている。これは「まだテキストがありますよ」ということを表すマーカーで、これをクリックして次の段でクリックすると、文字が流し込まれる。

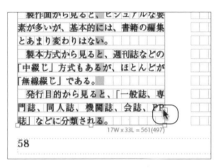

⑦これを繰り返して、流し込まれたテキスト全体を表示させる。

⑧続いて、段落スタイルを使用して、本文、見出しなどの指定をしていく。まずはテキストにカーソルを合わせてから [command] ＋ [A]（Windows では [control] ＋ [A]）を押して、テキスト全体を選ぶ。その上で [段落スタイル] で [本文] を選ぶ。

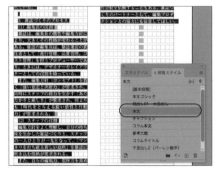

⑨さらに小見出しを指定していく。「1.
雑誌の特徴」を選択してから、[段落
スタイル]で[小見出し1]を選ぶ。

⑩同じようにして、「2. 雑誌の特性」
も[小見出し1]を選んで指定する。

⑪今度は、パーレン数字で始まる文の2
行目の字下げをする。「(1) 企画に柔軟
性がある…」のところで、「(1)」のあと
にカーソルを合わせて、[command] +
[¥](Windows では[control] + [¥])
を押すと、2 行目以降が字下げされる。

⑫これを「(2)」以降も繰り返し、す
べてを字下げする。

10. 画像の貼り付け

テキストのレイアウトが終了したところで、次は画像の貼り付けである。
Illustrator や Photoshop などで作成したり加工して作ったデータを貼り付ける。

①［ツールボックス］の［長方形フレーム］ツールを選択してから、マウスをドラッグして、画像フレームを作成する。

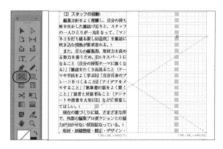

②続いて、画像フレームのテキストの回り込みを設定する。［ウィンドウ］メニューから［テキストの回り込み］を選択する。

③［テキストの回り込み］の画面で左から2番目の［境界線ボックスで回り込む］を選ぶ。

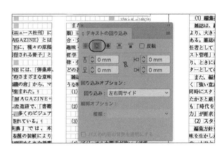

④すると、テキストが回り込む。

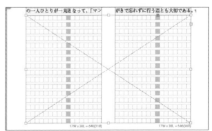

⑤次に画像を配置します。[ファイル]
メニューから［配置］を選ぶ。

⑥配置する画像ファイル「p59-z01.eps」を
選択する。[開く］をクリックする。

⑦画像が表示される。

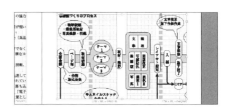

⑧画像がきれいに表示されていないの
で、きれいに表示するように設定を
する。[表示］メニューから［表示
画質の設定］→［高品質表示］を選
択する。

⑨画像がきれいに表示される。

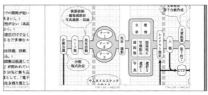

⑩画像が枠からはみ出ているので、画
像を縮小する。コントロールパネル
で縦横の縮小率を75％にする。す
ると、画像が枠内におさまるよう
になる。これで画像の貼り付けが終
了する。

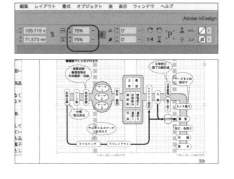

11. 表の作成

InDesign には、強力な表作成機能がついている。いままでの DTP ソフトには、きちんとした表作成機能がついていなかったため、プラグインソフトや Illustrator で表を作成するしかなかった。この表作成機能によって、作業がだいぶ楽になった。

① [表] メニューから [表の挿入] を選ぶ。

② [表を挿入] の画面で、[本文行] ＝ 11、[列] ＝ 3 と入力する。[OK] をクリックする。

③ 11 行 × 3 列の表ができる。

④ ここから表を加工していく。まずは表の罫線の太さを変更する。[表] メニューで [セルの属性] を選ぶ。

⑤ [セルの属性] の画面で [罫線と塗り] タブを選択し、[セルの線] で [線幅] を「0.1mm」に変更する。[OK] をクリックする。

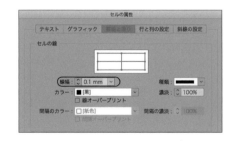

⑥表の罫線の幅が0.1mmになった。

⑦表の列幅を変更する。

⑧表のセルのすべてを選択してから、
段落スタイルシートで［表］を選ぶ。

⑨表にデータを入力する。

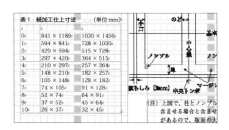

⑩入力したデータのうち、一番左のセルの文字揃えを右寄せにする。さらに残りのセルはセンタリングする。

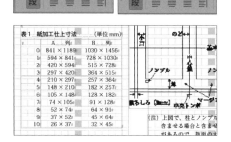

12. パッケージを作る

InDesign のファイルのまま入稿する場合は、入稿する前に、プリフライトとパッケージの作成を行う。プリフライトとは、ドキュメントで使っているフォントやリンクしている画像の状況などをチェックすることである。

①プリフライトを実行したいファイルを開いて、[ファイル]メニューから[パッケージ]を選ぶ。

②最初に文書全体の概要画面で、フォント、リンク画像、カラーなどについての情報が表示される。何か問題があるところについては、⚠マークが表示される。

③左側の枠で[フォント]をクリック。ドキュメントで使用しているフォントの状況が表示される。[ステータス]のところが「不完全」あるいは「無効」になっている場合は、[フォント検索]ボタンをクリックすることで、フォントの置換ができる。

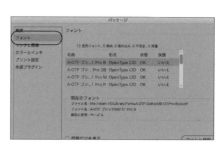

④[リンクと画像]をクリックすると、貼り付けた画像に関する情報が表示される。画像が埋め込まれている場合には、[名前]と[ステータス]のところに「埋め込み」と表示される。

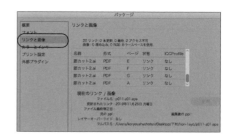

⑤ ［カラーとインキ］をクリックする
と、ドキュメントで使用しているイ
ンキと貼り付けた画像で使用してい
るインキの状況が表示される。

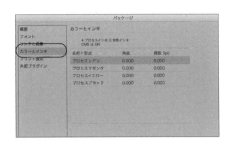

⑥ ［プリント設定］をクリックすると、
ドキュメントのプリント設定がどの
ようになっているかが確認できる。

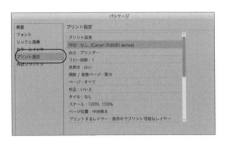

⑦ ［外部プラグイン］をクリックする
と、購入したときに InDesign に含
まれていなかった外部プラグインの
一覧が表示される。これでプリフラ
イトは終了したので、［パッケージ］
ボタンをクリックしてパッケージを
作成する。

⑧ パッケージを作成する前に文書の保
存を促すメッセージが表示される。
ここは［保存］をクリックする。

⑨ パッケージが作成され、「Fonts」
「Links」というフォルダとドキュメ
ントファイル、出力仕様書のファイ
ルが作られる。パッケージの作成を
すると、リンクしている画像をすべ
て集めて、新たに別のフォルダに保
存する。

13. ブックを作る

InDesign には、「ブック」という機能がある。複数の章からなる1冊の本をレイアウトするときは、各章ごとに1つのドキュメントにして、それぞれ保存しておき、最後にブックを作って、そこにまとめるという方法をとったほうが効率的である。

①ブックでは自動的にノンブルを振ってくれる。そのためには、各章のファイルは自動ページ番号に設定しておかなくてはいけない。それを確かめるために［ページ］パレットの■をクリックして［ページ番号とセクションの設定］を選ぶ。

②［ページ番号とセクションの設定］の画面で、［自動ページ番号］にチェックマークを付ける。［OK］をクリックする。

③自動ページ番号を確認したら、ブックを作ることにとりかかる。［ファイル］メニューから［新規］→「ブック」とたどる。

④ブック名の入力を求められるので「本づくり」と入力し、［保存］をクリックする。

⑤「本づくり」のブックができる。ブックを作ると、それを使って自動的にノンブルを通したり、索引や目次が作れる。

⑥ブックができたので、ブックにファイルを追加してみる。ブックの右上の▤をクリックして［ドキュメントの追加］を選ぶ。

⑦「第1章」を選んでから［開く］をクリックする。

⑧「本づくり」のブックに「第1章」が追加された。

⑨続いて、第2章、第3章、第4章と追加する。ノンブルは自動的に振られていく。

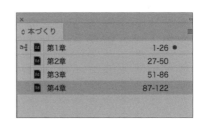

⑩ファイルの追加が終了したら、ブックの中で第1章〜第4章を選択し、ブックの右上の▤をクリックして［ブックをプリント］を選ぶと、第1章〜第4章までが印刷される。

⑪さらに、第1章〜第4章を選択し、ブックの右上の▤をクリックして［ブックをPDFに書き出し］を選ぶと、第1章〜第4章までのPDFが作られる。

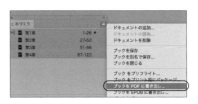

14. PDFを作る

印刷所に入稿するときに、InDesignのデータで印刷所に渡すのもいいのだが、PDFに変換して渡したほうが、画像のリンク切れの心配がないし、フォントも埋め込めるので簡単である。ここでは、そのPDFの作成について解説する。

① 「本づくり」のブックで第1章～第4章を選択し、ブックの右上の■をクリックして［ブックをPDFに書き出し］を選ぶ。

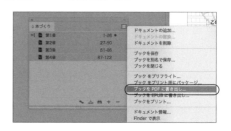

② PDFの保存先を決めてから、PDFのファイル名を「本づくり」と入力し、［保存］をクリックする。

③ ［PDF書き出しプリセット］で［PDF/X-1a2001（日本）］を選ぶ。

④ ［一般］を選んで、［書き出し形式］で［ページ］にチェックマークを付ける。印刷所に渡すPDFは見開きではなく、必ず単ページずつでなければならない。

⑤ ［トンボと裁ち落とし］を選び、［トンボとページ情報］で［すべてのトンボとページ情報を書き出す］にチェックマークを付ける。さらに、裁ち落としを3mmにする。

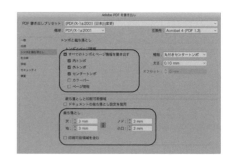

⑥［色分解］を選ぶ。ここは特に変更する必要はない。

⑦［詳細］を選ぶ。［透明の分割・統合］の［プリセット］を［高解像度］にする。

⑧［セキュリティ］を選ぶ。ここは特に変更する必要はない。もし必要とあればパスワードを設定する。

⑨最後の「概要」のところで全体のチェックをして問題がなければ、［書き出し］をクリックする。

⑩ PDF が書き出される。

電子書籍の現状と電子書籍作成ソフト

電子書籍の現状

　アップルの iPad が発売された 2010 年が「電子書籍元年」といわれ、電子書籍ブームが起こり、いずれは紙の書籍がなくなるのではないかと思われるほど話題になった時期もあった。しかし、現在ではそれも沈静化しつつも、電子書籍の市場は着実に伸びてきている。2018 年のデータでは、紙の書籍が 1 兆 2914 億円で前年比 5.7％減であるのに対して、電子書籍は 2479 億円で前年比 11.9％増となっている（公益社団法人全国出版協会 出版研究所調べ）。

　今後、若い世代を中心に電子媒体に慣れた人たちが増えてくるにしたがって、電子書籍の占める割合は伸びていき、いずれは紙媒体の市場規模に近づいてくることも予想される。

電子書籍制作用のソフト

　電子書籍の規格は 2011 年に epub3 が国際電子出版フォーラムによって標準規格として策定され、その規格に対応したソフトが提供されている。主なものとして以下のようなものがある。

・Romancer（ロマンサー）

　Voyager Japan が提供する Web 上の電子書籍制作サイト。1ヵ月 50MB まで無料。Mac と Windows に対応しており、PDF、WORD、画像ファイルから epub3 に書き出しが可能。

・でんでんコンバーター

　電書チャンネルが提供する Web 上の電子書籍制作サイト。アップロードされたテキストや画像ファイル等を epub3 に変換（リフロー型）。文字を中心としたコンテンツの制作向きで、画像が中心だったり複雑なレイアウトを要求するコンテンツの制作には不向き。アップロードできるファイルサイズは 1 回につき 3MB。無料。

・一太郎 2015

　ジャストシステム社が提供する電子書籍制作ワープロソフト。Windows に対応しており、PDF、WORD から epub3 に書き出しが可能。定価 1 万 5000 円。

・iBooks Author

　アップル社が提供する電子書籍制作ワープロソフト。Mac 版のみ。epub3 フォーマットに書き出せるが、縦組み、ルビ、右開きなどは非対応。

第5章

校正の基礎知識と校正記号

　校正には、①文字を対象とする「文字校正」と②画像や色を対象とする「色校正」があります。ここでは文字校正の基礎知識と、校正に使用する略号である校正記号を身につけましょう。

1. まず概論として、校正の目的や方法を学びます。
2. 一文字一文字に集中して見落としを防ぐ、校正の基本の技を10のルールにまとめました。

次に、校正のチェックポイントを順に見ていきます。

3. 誤字脱字の気づき方を身につけ、用字用語と表記統一の方法と目的を理解します。
4. 事実関係の確認の落とし穴とネット検索・図書館の活用法、差別表現とどう向き合うかを学びます。
5. 前後の矛盾やテキストと図版の対応などの整合性、美しく伝わりやすい文字組のチェックポイントを理解します。
6. 最後に、JIS（日本工業規格）の校正記号から主なものを抜粋しました。コミュニケーション・ツールとして校正記号を使えるようになりましょう。

　　　本書では紙数の都合上、基礎的なことしか解説できません。
　　　詳しくは姉妹書の『校正のレッスン〈改訂3版〉』をご活用
　　　いただければ幸いです。

1. 校正とは

1. 校正の目的

　校正とは、たんなる "まちがい探し" ではない。だれもが情報発信できる時代にあって、誤りを防ぎ、より適切で効果的な表現やスタイルを採ることにより、「文字情報の品質を高め保証する不断の営み」である。

　その目的には、①リスクマネジメントとしての校正と②言葉のエンパワメントの2つがある。

（1）リスクマネジメントとしての校正

　例えば、「本のタイトルに誤字があり刷り直しになる」、「差別表現のために回収→絶版となり編集長が引責辞任する」、「商品の販売価格が過少にまちがっていて損害が発生した」といった事故はしばしば現実に起こり、被害は著者、版元、クライアント、読者、消費者など広範囲に及ぶ。

　かと思えば、単純だが恥ずかしい誤字脱字が、著者や版元の権威や信頼をそこなうケースもある。

　人間の作るものにはどこかに「誤り」が潜んでいる危険性が常にある。校正の過程でその誤りに気づき、事前に修正や対処をしておく必要がある。

（2）言葉のエンパワメント

　「用字用語の統一」や「表現のブラッシュアップ」は、情報の内容に何か誤りがあるわけではない。しかし、読みづらい表記スタイルやわかりにくい表現は、読者に誤解を与えたり、読む気持ちを失せさせたりする。

　エンパワメント（empowerment）とは、"外側から何かを付け加えて力づける" のではなく、「本来持っている力や魅力が十二分に発揮できるよう、周囲を整える」ことをいう。

　最初から完全な原稿、完全なゲラ（校正刷）はありえない。校正は、言葉へのリスクマネジメントとエンパワメントを通して、1冊の本が、読者という大海原に船出するにあたり、生き生きと充ち足りたものとなるよう援助し、サポートする。

2. 2つの校正
（1）引き合わせと素読み

　校正には2つの作業の形がある。

・引き合わせ……原稿や修正指示の赤字とゲラとの照合。ゲラが原稿や指示どおりになっていないときに、修正の赤字を入れる。

・素読み……引き合わせののち、ゲラだけを読んでおこなうチェック。問題点を洗い出す。

（2）言葉を正す／整える

　作業の形ではなく、その意味内容で分けると、「引き合わせ」と「素読み」いずれにも「言葉を正す」「整える」という2つの校正が含まれる。

・言葉を正す……誤字脱字や事実関係、文法や言い回しの誤りを正す。原

典や指示どおりに直す。

・言葉を整える……表記の統一
（⇒ 102 ページ）、伝わりやすい表現や
効果的な表現の工夫。文字組の適切化
（⇒ 106 ページ）。

3. 2色の筆記具

校正には2色の筆記具を使う。

・赤……修正指示。これが唯一の答え
という絶対的な色。ペンを使用。

・黒……疑問や確認、提案や対案など
の問いかけ。⑦印を付す。取捨選択で
きるように、消せるエンピツ（シャー
プペンシル）を使用。

★色の使い分けは厳密に。黒字で修正
を、赤字で疑問を出さない。

4. 校正記号は
　コミュニケーションツール

（1）JIS の校正記号

ゲラへの修正指示（赤字）や、疑
問・確認（黒エンピツ）などはすべて
校正記号を活用して簡潔に記す。

とくに赤字の指示が複雑やあいまい
だと、相手（データを修正する人）に
誤解を与えることになる。

校正記号は現場によって異なるの
で、JIS（日本工業規格）に定められ
たものをもとに、代表的な記号を108
〜112 頁に示す。

（2）一目で伝わる赤字

DTP 化により、校正記号に詳しく
ない人でも InDesign や Illustrator で
データ修正をおこなう現場が増えてお
り、だれにでも通じる校正記号を使う
ことが求められる。

例えば、ローマン体（立体）の欧文

をイタリック（斜体）に変えるアンダ
ーラインの赤字は、いまでは「アンダ
ーラインを引く」指示に誤解されるの
で、JIS の許容例の「イタ」の方が推
奨される（⇒ 110 ページ 1.4.2）。

複雑に入り組んだ赤字はわかりづら
い。一目で伝わる赤字を心がける。

（3）著者への確認・疑問出し

著者がどんなに権威や地位のある人
でも、確認しなければいけないところ
は臆せず確かめる。

ただし、①疑問を呈するときは思い
込みを排し、よく調べてから、②疑問
出しの意図を正しく伝える、③書き手
への敬意を忘れないことが大切になる。

とくに文芸書や学術書など創作性や
専門性の高い作品に対しては、原稿尊
重を第一として、勝手に手を加えるこ
とは厳禁である。

ゲラへの書き込みはできるだけ簡潔
にし、書ききれない点は別紙やメール
で補足・説明する。

5. 校正を外注するとき

よい校正を得るために、下記の点に
留意する。

①原稿や指定紙、ゲラのほか、検索用
の PDF、各種資料や引用原典のコピ
ーなど必要なものを一式そろえる。

②刊行や編集の意図を伝え、校正でと
くに重点を置いてほしいことや注意す
べきこと、やらなくてよいことなど、
具体的にリクエストする。

③校正には時間も手間もかかることを
前提に、余裕のある納期と校正料を用
意する。

2. 見落としを防ぐ10のルール

校正では最初の一文字から最後の一文字まで、等しく注意と愛情を注いでチェックをする。"ここはちゃんと見て、ここは見ない"、"ざっと見る"ということはない。

そのために、校正者は集中力を一定に保ち、一文字一文字に立ち止まるための工夫や術をさまざまに持っている。

ここでは、その中から基本中の基本を10のルールにまとめた。これらを身につけるだけで、かなりの見落としを防げるはずである。

◀ rule 01 ▶

指先で読もう
目だけで文字を追わない

目だけで文字を追うと、かならず読みすべってしまう。指先で一文字ずつたどりながら読む。頭だけでなく、五感を総動員する気持ちで。

‥‥‥‥‥‥‥‥‥‥‥‥‥

◀ rule 02 ▶

「、」はテン「。」はマル
音のない情報も読む

約物（記号類）など、"声に出して読まれない情報"も頭の中で声に出し、見すごさないように。

①約物
　「 ☞ カギ　　」☞ カギ受け
　・☞ 中黒　　──☞ 2倍ダーシ
②改行やアキ、傍点やルビも読む
③〔　〕内を補足して読む
　わたし〔ひらがな〕　私〔漢字〕
　振り込み〔「り」「み」送り*〕
　＊送り＝送りがなのこと。

これは、1人がゲラを読み上げ、もう1人が原稿と引き較べる「読み合わせ校正」を、自分の頭の中に一人二役でする「一人読み合わせ校正」の方法。

◀ rule 03 ▶

漢字は読みかえよう
誤変換や使い分けに気づく

漢字を読みかえれば、誤変換や使い分け、どこからが送りがなかなど、いろいろなことがわかる。

①読み下す
　解放 ☞ ときはなつ
　開放 ☞ あけはなす
②一字の漢字を熟語にする
　固い ☞ 固体　硬い ☞ 硬質
　堅い ☞ 堅実
③形の特徴
　川 ☞ 3本川　河 ☞ さんずいの河
④音読み⇄訓読み
　表れる ☞ ヒョウれる
　（一堂に）会する ☞ あうスル
⑤外国語に
　対称 ☞ シンメトリー
　対照 ☞ コントラスト

‥‥‥‥‥‥‥‥‥‥‥‥‥

◀ rule 04 ▶

大きな文字に注意！

タイトルや大見出しなど、「まちがえるはずがない」という予断に要注意。文字がデザイン化で装飾されてい

ると、ますます見落としやすい。

....

◀ rule 05 ▶
カッコはペアで
対になるものを"ぼっち"にさせないで
　（　）「　」『　』" " など、対になるもののどちらかが脱けていることはよくある。段落はじめのアキと、段落おわりの句読点もそのひとつ。

....

◀ rule 06 ▶
どこまでも調べます
自分の記憶や感覚をあてにしない
　知っているつもりは大敵。また、辞書や資料により解釈やデータが異なっていたりするので、1つの典拠に頼らず、複数のソースに当たる。
　校正の現場では、「信頼できる辞書の1つでも採用している語は許容する」という原則がある。
　差別表現や性表現などは1人で判断せず、信頼できる人に相談を。

....

◀ rule 07 ▶
目を変える／校を重ねる
一度ではムリ
　「目を変える」とは、①複数の人の目を通したり、②1人の場合でも時間や場所など環境を変えたりして、新たな目でクロスチェックすること。
　さらに、校正は1回だけでおわらせず、初校＞再校＞三校＞念校と校を重ねて、精度を高める。

....

◀ rule 08 ▶
何もかもはできない
条件の中で優先順位を
　すべてのチェックを、限られた条件

の中で一度にカバーすることはできない。優先順位を決めて、作業にメリハリをつけよう。
　「誤字脱字などのケアレスミス」「用字用語の表記統一」「データや事実関係の確認」など、目的を明確に。目的別に何人かで分担するのも有効。
　校正はだれか1人で負うものではなく、著者、編集者、校正者、デザイナーほか、みながそれぞれの立場と専門からクロスチェックする。⇒ rule 07

....

◀ rule 09 ▶
印　刷する
画　面では見落とします
　パソコンのディスプレイ上で校正をすると、見落としのリスクが高まる。できるだけ紙に印刷して校正する。
　ディスプレイ上で校正するときは、拡大表示したうえで、画面に触れないようペンや指先で文字をたどり、目だけで追わないように。⇒ rule 01

....

◀ rule 10 ▶
疲れたら休もう
根性論では校正はできません！
　無理して校正を続けても、見落としが増えて、結局またやり直すことに。
　席を立ったり、体を動かしたり、おやつや食事をとったり、人と話したり、仮眠をとったり、リフレッシュは集中力を保つのに不可欠。時間や場所を変えるのも効果的。⇒ rule 07

（この項、大西寿男『かえるの校正入門』より、一部改変。）

101

3. 校正のチェックポイント（1）

1. 誤字・脱字・衍字

文字単位の誤りに気づくには、①「一人読み合わせ校正」（⇒ 100 ページ rule 2）と、②漢字の読みかえ（⇒ 100 ページ rule 3）が有効である。

2. 用字用語と表記統一
（1）表記統一のめざすもの

【例 a】と【例 b】は、どちらも同じ文章だが、読者により伝わりやすいのはどちらだろう。

また、【例 c】と【例 d】は同じ手紙文だが、与える印象はまったく異なる。

このように、表記には受け手の生理的な感覚に訴えかける力があり、情報の伝わりやすさにも関わる。これは、デザイナーが書体や文字組を変えて言葉の見た目をデザインするのに対して、校正的な言葉のデザインといえる。

（2）「表記揺れ」について

小説やエッセイなどの文芸書、新書や教養書などの読み物では、表記統一について次のような 1 つの方針がある。

漢字の字体……常用漢字表と人名用漢字別表にある漢字は表の字体、表にない漢字（表外字）は正字体【図 a】。
漢字の使い分け……原稿どおり。誤りや不適当と思われるときは要確認。
送りがな……統一する。
漢字／かな……原稿どおり。基本的な語（例えば「私」と「わたし」）で使い分けでないときは統一するか確認。

その一方で、専門書や論文、あるいは学習参考書やマニュアル、新聞や公文書などでは、表記統一を隅々まで行き渡らせる必要がある。

【例 a】
平成 30 年には取引きのあった米国企業の数は 1/5 に、取り引き額は十分の一にまで落ち込んでいる。前年 2017 年に誕生したトランプ政権のアメリカ第 1 主義政策が取引減少の 1 因といわれている。

【例 b】
2018 年には取引のあった米国企業の数は 1/5 に、取引額は 1/10 にまで落ち込んでいる。前年 2017 年に誕生したトランプ政権の米国第一主義政策が取引減少の一因といわれている。

【例 c】
御丁寧な御挨拶状を有難うございました。皆様御健勝の事とお喜び申し上げます。御蔭様で私達も元気に過ごして居ります。

【例 d】
ごていねいなご挨拶状をありがとうございました。皆さまご健勝のこととお喜び申し上げます。おかげさまで私たちも元気に過ごしております。

　表記が揺れているときは、まず、どの表記が多く現れるか（多出）を確認する。それは、ほんとうに望まれていた表記を発掘する作業である。

　ここで注意しなければいけないのは、作者も無意識のうちに書き分けていた微妙な揺れを、校正のチェックで一色（ひといろ）に染めてしまうこと。多出が正しいとは限らない。

（3）日本語表記のスタンダード

　日本語を書き表すときの代表的な基準として、次の6つがある。

ⓐ常用漢字表……一般の社会生活で読み書きできる漢字の「目安」。
ⓑ人名用漢字別表……常用漢字以外に人名に使用できる漢字。
ⓒ学習漢字……学校教育で学習する漢字。学年別の漢字配当表がある。
ⓓ改訂現代仮名遣い……「新かなづかい」を定める。
ⓔ送り仮名の付け方……漢字に送りがなを付けるときの指針。
ⓕ外来語の表記……外来語をカタカナ表記するときの指針。

　これらはすべて政府が決定した国家公認のスタンダードで、多くの国語辞典や新聞社・通信社の用字用語集もこれらに基づいて表記を定めている。

　ただし、常用漢字表にある漢字をすべて採用すると、一般的な本では漢字が多く硬い印象になるので、適宜、ひらがな表記を採用する。

　（ⓐ～ⓕは、文化庁や文部科学省、法務省のサイトで見ることができる。）

【図 a】拡張新字体

（4）漢字の字体

　人名の渡辺／渡邉／渡邊や高橋／髙橋のように、多くの漢字は同じ一つの字のうちに複数の形を持っている。

　印刷や出版の世界では、従来、常用漢字表やその前身の当用漢字表にある漢字についてはその字体を、それ以外は正字体（康熙（こうき）字典体）を用いることをフォーマルな表記としてきた。

　ところが、DTP の初期（1980〜90年代）には、デジタルフォントはごく限られた字体しか使えず、正字体を使いたくても略字体（拡張新字体*【図a】）で代用するしかなかった。

　＊拡張新字体　常用漢字表にない漢字にも、表にある新字体と同様に略字化した、いわば非公式の新字体。

　多様な字体を使えるようになった現在にもその影響は残り、正字体と拡張新字体が混ざった状態が続いている。

　拡張新字体だからいけないというわけではなく、あえて拡張新字体を選択する必要がなければ、正字体を使う方がこれまでの経緯に沿っている。

4. 校正のチェックポイント（2）

1. ファクト・チェックの落とし穴

事実関係の確認（ファクト・チェック）には落とし穴がある。

【例a】

甲子園球場は大正13（1923）年に完成。前年の関東大震災の影響を受け、夏の高校野球はこの年から甲子園球場で開催されるようになった。

確認の結果、①甲子園球場の完成は西暦がまちがいで（1923）→（1924）となるほかは、②関東大震災の発生年、③夏の高校野球が甲子園で始まった年ともに問題はなかった。

ところが、「関東大震災の影響を受け」の記述に問題が潜んでいた。調べると、大正12年まで開催の鳴尾球場があふれる観客を収容しきれず、近隣に甲子園球場を建設したと記録にあり、「関東大震災の影響」ではないことがわかる。

ファクト・チェックでは、1つひとつの事実の確認ばかりに気をとられず、その背後や物語（論理や解釈）も見渡すようにしたい。

★確認した箇所には「✓」印を付けよう。未確認箇所がわかるし、他の人とチェックを共有・分担できる。

2. ネットでの検索力をup する

調べものにあたり、いまやネット検索が第一選択となっている。

ネット検索では信頼できるサイトを選ぶことが何より大切である。

次ページ下に、基本となる【調べものサイト】を紹介する。

3. 図書館を活用しよう

図書館はネット検索ではたどり着けない情報の宝庫である。

（1）レファレンス・サービス

各図書館には相談窓口があり、司書が調べものを手伝ってくれる。中核的な図書館では、電話やメールでの相談も。次ページ下のサイト⑤には相談内容と解決までのプロセスが記されており、プロの調査を学ぶことができる。

（2）オンライン・データベース

図書館の端末から各種データベースが無料で利用できる（プリントアウトは有料）。有料のサイト①や新聞・雑誌の記事検索、サイト③のうち図書館からしかアクセスできない資料も。

（3）他館からの取り寄せ

他館が所蔵する資料も（自治体の枠を越えて）取り寄せができる。

4. 差別表現

校正にとって、差別表現とどう向き合うかは、表現の自由とも関わって、最も重要な問題である。

（1）差別表現に出会ったとき

いちばんよくない対処は「クレーム回避のため著者に変更や削除を求める」である。①何が問題なのか、②だれにどのような影響を与えるのか、

③作者と自分たち発行元は何を望んでいるのかを、関係者が（上司も交え）率直に話し合う。ほとんどの場合、明確な答えは出ない。しかし、そこから理解が始まることが何より大切になる。

このとき、「だれもが差別する人間であり、差別を受ける人間である」ということを前提とする。他人事とせず、けっして1人で判断しないこと。

（2）気づきにくい差別表現

差別表現は、いつもわかりやすく現れるとは限らない。【例b】はある講演会の記録だが、ここにはいわゆる「差別語」は出てこない。

【例b】

朝からずっと、部屋のカーテン閉めきって、男2人でいったい何やってんでしょうね？

男同士の愛情というと、なんだかちょっと困りますが、ここでいう愛情とは同志としての愛なんです。

真面目な話が続いたあと、一服の清涼剤のように笑いをとる場面である。ここには話者と聴衆とのあいだに「異性愛があたりまえ、同性愛は普通じゃないもの」という暗黙の了解がある。

（3）変化する人権意識

「この程度の表現も許されないのか」という反論がある。たしかに以前であれば、【例b】が校正で問題になることはほとんどなかっただろう。人権意識はどんどん変化していき、現在はセクシュアリティやジェンダーに関する差別が社会的な注目を集めている。

（4）差別表現は言葉を破壊する

差別は自覚のないところで無邪気に牙をむき、差別を受けた人の傷や痛みは表に出ることなく葬られてしまう。

差別の言葉は、たった一言で自由で生き生きとした言葉を破壊する。「言葉のエンパワメント」とは対極にあり、それゆえ差別表現は校正にとって見過ごすことのできない問題となる。

■ 調べものサイト

①ジャパンナレッジ……辞書・事典・叢書の総合データベース。有料。
　https://japanknowledge.com

②国立国会図書館サーチ……蔵書検索。 http://iss.ndl.go.jp

③国立国会図書館デジタルコレクション……古典から現代の本や歴史資料まで。
　https://dl.ndl.go.jp/

④国立国会図書館リサーチ・ナビ……調べ方のガイドとデータベース。
　http://rnavi.ndl.go.jp/rnavi/

⑤レファレンス協同データベース……全国の図書館に寄せられた膨大な相談の事例。
　http://crd.ndl.go.jp/reference/

⑥ CiNii Articles（サイニィ）……日本の学術論文のデータベース。 https://ci.nii.ac.jp

⑦ @nifty 新聞・雑誌記事横断検索……全国紙・地方紙・専門誌・雑誌をカバー。有料。
　https://business.nifty.com/gsh/RXCN/

5. 校正のチェックポイント（3）

1. 整合性

記述に矛盾がないか確かめることは、事実関係の確認と同じくらい重要なチェックポイントである。

①本文内の記述や論理に矛盾はないか
②本文と見出しの一致
③本文と図版とキャプションの照応
④登場人物、時間や場所の設定
⑤時系列

情報誌やカタログで、

・写真を変えたのにキャプションはそのままだった。
・テキストを一部差し替えたら見出しに掲げていた内容が消えていた。

小説で、

・シーンの季節を夏から冬に変えたのに服装は夏服のまま。
・部屋の間取りが以前とちがったり、雨が降っていたのに星空が見える。

などは、けっしてめずらしくない。

★ある箇所や設定、レイアウトを変更したあとは要注意！

2. 文字組

校正では、文字組やレイアウトのチェックもおこなう。

（1）日本語の文字組の基本

日本の活字は（鉛の活字からデジタル・フォントまで）、漢字、ひらがな・カタカナ、英数字、約物すべて、基本は全角の正方形の中にデザインされ、その正方形を隙間なく並べる（ベタ組にする）と自然に美しい文字組になるよう設計されている【図a】。

書籍や雑誌の本文組版のとくに縦組ではこのベタ組が基本で、横組のとくに2段組、3段組などの段組ではツメ組にすることも多い。

（2）アキ過ぎ／ツメ過ぎに注意

次ページの【図b①⑦⑨】では字間（隣り合う字と字の間隔）が行によってアキ過ぎになっている。

これは主に、行頭／行末禁則や連数字処理*などによって、字間を詰めた

【図a】全角ベタ組が基本の日本語組版
左は食い込み部分のテキストがグリッドとずれている。

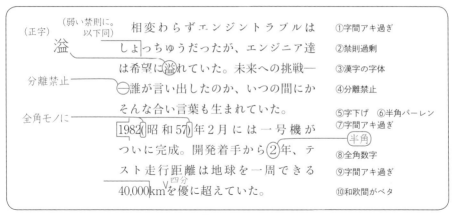

【図b】文字組の乱れ

り空けたりの調整がうまくいっていな
いことによって起こる。

　＊連数字処理　【図b】では 40,000 が2行
　に渡らないよう、塊で処理されている。

（3）半角と全角

　和文の組版では、約物は全角モノを
使う（半角モノは使わない。とくに半
角のパーレン）【図b⑥】。

　横組では英数字は半角を使用する
（全角英数字は使わない）【図b⑧】。

（4）代用文字

　以下のような代用文字は使わない。

・不等号 ＜ ＞ ☞ 山括弧 〈 〉

・ダーシ — ☞ 音引 ー

・英字 X ☞ 乗算記号 ×

（5）ルビの組み方

　ルビ（ふりがな）の組み方には、
①漢字一字ずつに対応するモノルビ
②語全体にかかるグループルビ
がある【図c①②】。

　①のモノルビには、親文字＊のどこ
にルビが付くかで、肩付きと中付きに
分かれる【図c③④】。

　＊親文字　ルビが振られる漢字。

　当て字や当て読みは②のグループル
ビにする。ルビが親文字からはみ出す
ときは、親文字の字間を空けて調整す
る【図c⑤⑥】。

（6）ハイフネーション

　欧文の単語を行末／行頭に分割する
ときはハイフネーション（分綴）をお
こなう。分割する箇所は、語の中の意
味の区切りとなる文節にし、分綴ハイ
フンを付ける。

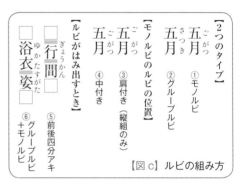

【図c】ルビの組み方

6. 校正記号表

●指示の色

　校正刷や出力ゲラへの校正指示の記入は、赤色を使用します。ただし、補助的な指示や赤色のみの修正では煩雑になる場合には、赤色以外の色を使用してもかまいません。

●引出し線などの扱い

① 引出し線は、修正箇所の近くの余白に引き出します（引出し線は、長く引き出さない）。

② 引出し線は、原則として校正が終わった方向に引き出します。

③ 引出し線は、同じ行にある修正箇所の前後にくる対象の文字や記号に掛けないようにします。

④ 引出し線は、別の引出し線と交差させないようにします。

⑤ 指示の文字・記号およびその他の指示は、対象の文字・記号の上には書かないようにします。

この校正記号表は JIS Z 8208（2007年1月改正）を基に記入例などの編集を加えました。

●表1　修正の指示および組版指定に用いる主記号

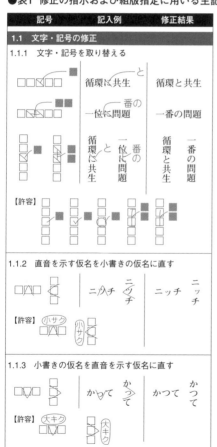

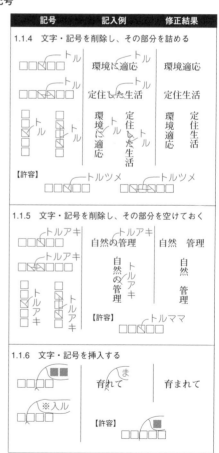

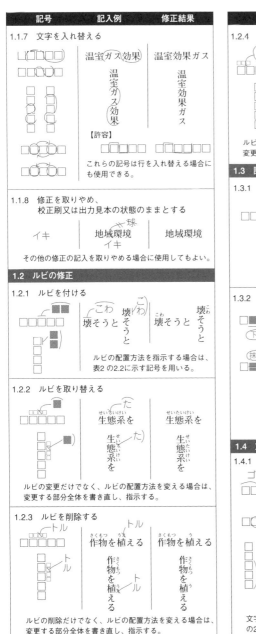

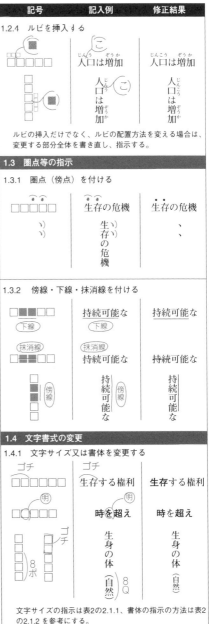

記号	記入例	修正結果
1.4.2 イタリックに直す	italic	*italic*
【許容】 イタ		
1.4.3 立体に直す	revised proof	revised proof
【許容】 ローマン	rom	
1.4.4 ボールドに直す	bold	**bold**
【許容】 ボールド	bold	
1.4.5 ボールドイタリックに直す	bold	***bold***
【許容】 イタボールド		
1.4.6 大文字に直す	capital	Capital
【許容】 大	CAP	
1.4.7 小文字に直す	小 Small	small
ℓ.c.	ℓ.c. SMALL	small
1.4.8 スモールキャピタルに直す	Furutani	Furutani
【許容】 小キャップ	S.C.	
1.4.9 普通の文字を下付き文字に直す	H2O	H_2O
【許容】 下ツキ		

記号	記入例	修正結果
1.4.10 下付き文字を普通の文字に直す	$C_0$2	CO_2
【許容】 大キク		
1.4.11 普通の文字を上付き文字に直す	103/m	10^3m
【許容】 上ツキ		
1.4.12 上付き文字を普通の文字に直す	10^3A	10^3m
【許容】 大キク		
1.4.13 上付き文字を下付き文字に直す	CO	CO_2
【許容】 下ツキ		
1.4.14 下付き文字を上付き文字に直す	10$_3$m	10^3m
【許容】 上ツキ		
1.4.15 縦中横に直す	タテ中ヨコ 今53歳に	今53歳に
1.4.16 合字に変更する	合 figure	figure

1.5 文字の転倒、不良文字及び文字の並びの修正

記号	記入例	修正結果
1.5.1 活字組版において転倒した文字・記号を正しい向きにする	危機を状況	危機的状況
1.5.2 活字組版等において不良の文字・記号を直す	子ども もたち	子どもたち
1.5.3 文字の並びを正す	時を超え	時を超え

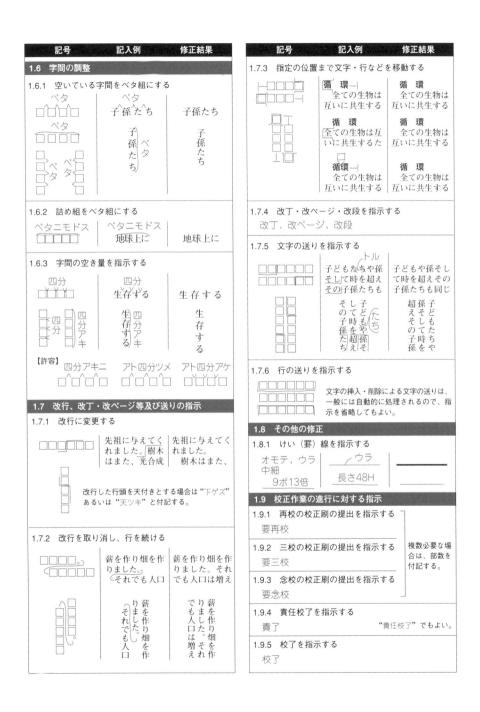

●表2 修正の指示及び組版指定に用いる併用記号

内容・記号（左列）

2.1　文字・記号の種類等を示す併用記号

2.1.1　文字サイズを指示する
ポ、Q
ポイントや級以外の単位を使用する場合は、その単位で指示する。
【注】1ポイント＝0.3514 mm
（JIS Z 8305 参照）
1 Q＝0.25 mm

2.1.2　書体を指示する
㊔、ゴチ、アンチ
【許容】明朝体は"ミン"、ゴシック体は"ゴ"あるいは"㋘"と指示してもよい。

2.1.3　欧文のプロポーショナルの文字にする
欧文　オウブン

2.1.4　全角の文字にする
全角

2.1.5　半角の文字にする
半角　【許容】"二分"でもよい。

2.1.6　四分角の文字にする
四分

2.1.7　句読点を示す
⌄、◇、∧、△、∧、△

2.1.8　中点類を示す
・、⦂、；

2.1.9　リーダを示す
⦙、…、⦂、⦂
【許容】□□　□　⦂　・・　2点

2.1.10　ダッシュ（ダーシ）を示す
｜、□□（縦組）
—、□ あるいは △（横組）
【許容】二分　□　□□

2.1.11　ハイフンを示す
ハイフン

2.1.12　シングル引用符又はダブル引用符を示す
❝、❞、❝、❞

2.1.13　アポストロフィ及びプライム記号を示す
❝、❞

2.1.14　ダブルミニュートを示す
❮❮、❯❯

内容・記号（中列）

2.1.15　斜線を示す
◿、◿

2.1.16　紛らわしい文字・記号を指示する
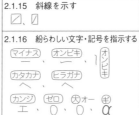
マイナス　オンビキ　オンビキ
カタカナ　ヒラガナ　オンビキ
カンジ　ゼロ　大オー　α
エ、○、○、α

2.1.17　複数箇所を同一文字に直す指示をする
△ ＝ ■
【許容】"△"は"○"などを使ってもよい。

2.2　ルビの指示

2.2.1　モノルビを指示する
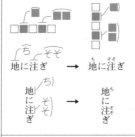

2.2.2　グループルビを指示する
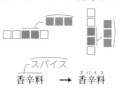

2.2.3　熟語ルビを指示する
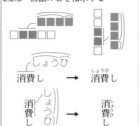

内容・記号（右列）

2.3　空き量の指示

2.3.1　ベタ組を指示する
ベタ

2.3.2　全角アキを指示する
全角、□
【許容】2.3.3と組み合わせて"全角二分"と指示してもよい。

2.3.3　二分アキ、三分アキ、四分アキ、二分四分アキなどを指示する
二分、三分、四分、二分四分
【許容】2.1.1の記号を使い、数値で指示してもよい。文字が級数の場合は"H"を使用する方がよい。

2.3.4　2倍アキ、3倍アキ、4倍アキなどを指示する
2倍、3倍、4倍
【許容】□□　□□□

2.3.5　空き量を均等割りにする

均等　均等
∨∨∨、∧∧∧
【許容】均等割りにする文字列の長さを指示してもよい。

2.4　行取り及びそろえの指示

2.4.1　行取りを指示する
2行ドリ中央、2行ドリ、1行アキ
【許容】2ℓドリ中央　1ℓアキ

2.4.2　そろえを指示する
上ソロエ、左ソロエ、下ソロエ、右ソロエ、センター

『編集デザイン入門』（荒瀬光治著）より

第6章

印刷の基礎知識と文字の扱い

　出版物は「印刷」という技術により複製され、多くの読者に読まれます。本章では印刷文字から本文組やカラー印刷の校正も含めた頁印刷物を作るための基礎的な知識と制作技術を学びます。

1. 印刷の種類と写真再現の原理を学びます。
2. 印刷文字の成り立ちを知識として学習します。
3. 文字組の基本構造を理解してもらいます。
4. 本文組の読みやすさや、傾向も考えてもらいます。
5. 見本を見ながら書体の持つイメージを学習します。
6. 印刷管理　　7. 文字の校正　　8. 写真の校正　では、過去の印刷物管理と比較しつつ、DTP 時代の管理、カラー写真のチェックの方法の基礎を学習します。

　印刷物を作るための技術は、ここ 30 年で随分と様変わりしました。そのため先輩から後輩へと受け継がれるべき技術が、どこか欠落して継続性がないようにも思えます。本章が、その欠落した何かを補えるきっかけになればと思います。

　なお、本章では、紙数の関係上、基礎的なことしか解説できません。詳しくは、姉妹書の『編集デザイン入門〈改訂 2 版〉』をご活用いただければ幸いです。

＊ 113 から 128 ページは 4 色（カラー）印刷を使用しています。本来は 4 色の印刷は紙が白であることを前提に設計されていますが、ここでは実験的に他のページと同様の本文紙（クリーム色）を使用しています。本文 115 ページの写真をカバーの表 4 に、127 ページの「レンゲ」の写真を表 4 袖に通常の白いコート紙で印刷しています。色を比べてみてください。

1. 印刷の種類と写真再現の原理

1. 印刷の4つの版式

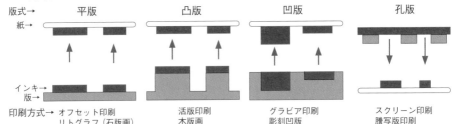

版式→	平版	凸版	凹版	孔版
紙→				
インキ→				
版→				
印刷方式→	オフセット印刷 リトグラフ（石版画）	活版印刷 木版画 ゴム版画	グラビア印刷 彫刻凹版 エッチング	スクリーン印刷 謄写版印刷 プリントゴッコ

2. 主なの印刷方式

（1）オフセット印刷（平版）

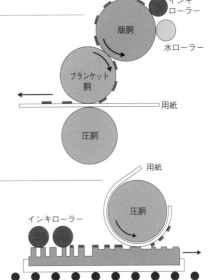

　現在、紙への印刷の主流となっているの
が、オフセット印刷である。印刷速度が速
く、大部数、カラー印刷に適している。地図
の等高線などの細い線の印刷には、特に力を
発揮するが、やや力強さに欠ける印象を与え
る。版材のPS版が、他の印刷方式の版材よ
り安価なので、経済的である。

（2）活版印刷（凸版）

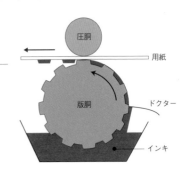

　かつて、単行本や雑誌の本文組のほとんど
が、この活版印刷だった。印刷文字は活字、
図版は線画凸版、写真は網点の入った写真凸
版を使用し、凸部についたインキを紙に印圧
で転写する。印圧で生じるマージナルゾーン
（印刷された文字の縁にできるインキの盛り
上がり）により、輪郭が力強いイメージを読
者に与える印刷方式だ。

（3）グラビア印刷（凹版）

　版の凹みに入ったインキが紙に転写され
る。そのため写真などの調子（濃淡）の表現
が他の印刷方式とは異なり、インキの肉厚で
濃淡を表すのが、この印刷方式の特徴である。

3. 写真の再現

（1）1色の写真の再現

オフセット印刷や活版印刷では墨文字は原則線画だが、調子のある写真は、網点の大小で濃淡が表現される。

85線　　133線　　175線

明るい（網点が小さい）　暗い（網点が大きい）

網点の密度を線数という。1インチの幅に入る網点の数を表し、新聞のような粗い紙では85線、中質や上質紙では133線、コートやアート紙でのカラー印刷では175線を使用する。

（2）カラー写真の再現

カラー印刷の写真はC（シアン）、M（マゼンタ）、Y（イエロー）、BL（ブラック〈K〉）の4色の網点を重ね合わせて印刷することで再現する。

4色分解

網点の入った4枚の刷版を作る

カラー写真データ

Y版　　●M版　　●C版　　●BL版

4色のインキ　●●●で印刷する。（＊実際の刷版には色は付いていない）

175線の印刷物

製版指示の名称（ヌキとノセの違い）

スミノセ　　白ヌキ　　M-100%ヌキ　　M-100%ノセ　　Y-100%ヌキ

写真の再現

ベース C-50%

文字の色は M-100%　　文字の色は M-100%＋C-50%　　文字の色は Y-100%

「ノセ」はDTPソフトでは「オーバープリント」にあたる

2. 印刷文字について

1. 活字は出版の原点

一般的には、印刷文字のことを総称して活字と呼んでいる。それだけ活字の印刷文字としての歴史は長い。

活字の原理は、ハンコと同じで、凸部分についたインキがそのまま紙に転写される。他の印刷方式では、文字は、そのままでは印刷できないが、活字はそのままでも印刷できる。

和文活字には3つの体系があり、明治初期に欧米から入ってきたポイント系、本木昌造によって作られた号数系、新聞の1段の字数を増やすために作られた倍数系（新聞活字系）だった。

活字は物理的な物で、字間を詰めることはできない。行間の指定は、行と行の間に入れるインテルと呼ばれる込め物の厚さで指示する。使用する活字の大きさごとに、収納スペースを必要とするので、本文が組める書体も基本的には明朝とゴシックの2書体のみだった。

一度印刷した活字組版を解版し、また別の文章を組み、別の内容を読者に伝える。この活字組版の持つ「情報の再利用（循環）」の機能が、編集の原点といっても過言ではない。

2. 写真植字（手動写植）

写真植字（写植）は、1929年（昭4）に石井茂吉・森沢信夫によって発明された印刷文字の印字システムだ。

写真の原理を利用し、1枚のネガ盤（文字盤）からレンズを交換することによって、大きさの違う文字が、印画

上は初号（42ポ）活字と込め物。左下は24ポ、右下は12ポの活字

印刷文字の歴史

			版画などの作品制作として
ブロック印刷			
			名刺や案内状などの端物印刷
	活字		
	●陶活字（1045頃）	●本木昌造（1869）	電算植字(CTS)（1970年代）
●百万塔陀羅尼経 日本最古の印刷物（770）	●グーテンベルク（1445頃）		電算写植
		写植（手動） ●石井・森沢（1929）	DTP（1985）

116

左は大日本印刷の和文活字見本帳（1978年）。中は写研の手動写植の見本帳（1978年）。右はモリサワパスポートの書体パッケージ（2009年）。

紙上に印字できる。そのため活字のような収納スペースは不要で、書体の種類も豊富で変化に富んでいた。写植はオフセット印刷の普及に伴い、その版下台紙用の印刷文字として、一時はなくてはならない存在だった。

　文字の大きさを級（Q）、字の送り・行の送りを歯（H）という単位を使い、1級と1歯は0.25ミリで、4級が1ミリとなる。そのため身の回りに

あるモノサシで文字組みのスペースが出せるので便利である。

　DTP組版における基本フォーマットも、この原理を使用している。

3. 電子組版と電子文字

　コンピュータの普及で、印刷文字もコード番号で管理された電子文字となった。文字校正直しの経済性やテキストデータの2次利用が簡単なため、現在では、本文組みのほとんどがコンピュータ組版やDTPによる組版へと変わっている。

　現在ではDTP組版用のデジタルフォントが、モリサワを中心に、フォントワークス、アドビ、リョービなど、さまざまなフォントメーカーから発売されている。また、出力環境に依存しないオープンタイプフォントが主流となり、かつての活字の時代に大規模な設備がないと組版できなかった、つまり印刷所での組版が全てだった時代とは違い、家庭や編集部での印刷用組版データの作成が可能となった

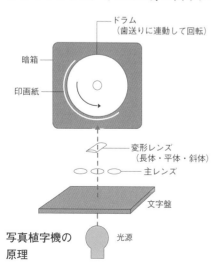

ドラム
（歯送りに連動して回転）

暗箱

印画紙

変形レンズ
（長体・平体・斜体）

主レンズ

文字盤

写真植字機の原理

光源

3. 文字組版の基本

日本語の文字組版の基本原理は、長い歴史の中で積み上げられてきた活字組版にある。その組版の基本が写植機に応用され、DTP 組版にも引き継がれてきた。

DTP による組版においても基本は同じで、写植機の基本原理の Q（級）のスケールが使用可能である。基本フォーマットがきちんとできないようでは、美しいデザインも望めない。

まずは文字組の基本を理解していた

だきたい。DTP 組版においても、最初は紙の上で「新規ドキュメント」用のマージン計算をすることから始まる。

文字組の指定例

タテ組、12 級、太ミン A101、字送りベタ、18 字詰め、行送り 20 歯

文字の大きさ　　　文字や行の送り

$1Q$（級）$= 1H$（歯）$= 0.25mm$
$4Q \quad = 4H \quad = 1mm$

Q や H を 4 で割ればミリ数が出せます。また、ミリ数に 4 を掛けてやれば Q 数や H 数が出せます。

計算でのスペース出し

【例】　タテ組、12 級、字送りベタ、10 字詰、
行送り 20 歯、5 行分のスペースは？

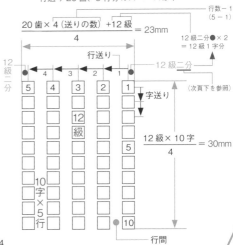

$$20 歯 \times 4（送りの数）+12 級 = 23mm$$

行数－1
（5－1）

12 級二分 ● ×2
= 12 級 1 字分

12 級二分

（次頁下を参照）

$$\frac{12 級 \times 10 字}{4} = 30mm$$

左右 23mm、天地 30mm　となります

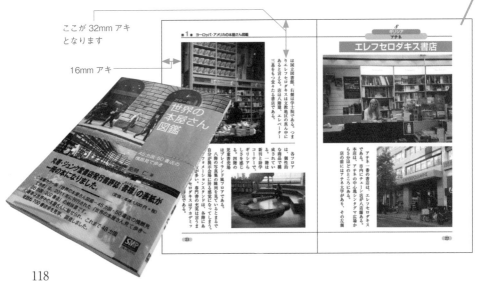

ここが 32mm アキとなります

16mm アキ

DTP におけるマージン計算

判型四六判（左右 127mm ×天地 188mm）
本文＝縦組、13.5 級、字送りベタ、19 字詰め、行送り 21 歯、1 段 18 行、2 段組、段間 2 字アキの場合

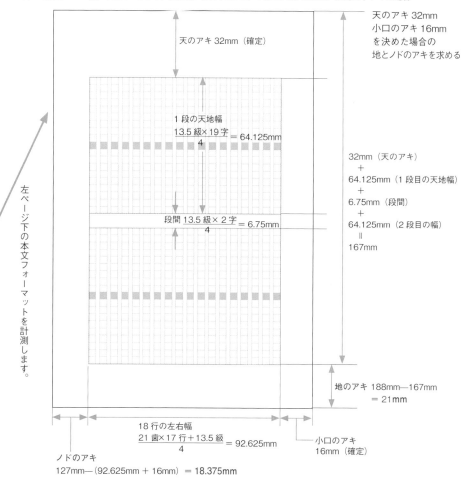

天のアキ 32mm（確定）

天のアキ 32mm
小口のアキ 16mm
を決めた場合の
地とノドのアキを求める

1 段の天地幅
$$\frac{13.5 \text{級} \times 19 \text{字}}{4} = 64.125\text{mm}$$

32mm（天のアキ）
＋
64.125mm（1 段目の天地幅）
＋
6.75mm（段間）
＋
64.125mm（2 段目の幅）
‖
167mm

段間 $\dfrac{13.5 \text{級} \times 2 \text{字}}{4} = 6.75\text{mm}$

左ページ下の本文フォーマットを計測します。

地のアキ 188mm—167mm
＝ 21mm

18 行の左右幅
$$\frac{21 \text{歯} \times 17 \text{行} + 13.5 \text{級}}{4} = 92.625\text{mm}$$

小口のアキ
16mm（確定）

ノドのアキ
127mm—（92.625mm ＋ 16mm）＝ 18.375mm

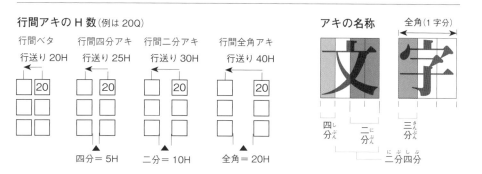

行間アキの H 数（例は 20Q）

行間ベタ
行送り 20H

行間四分アキ
行送り 25H

行間二分アキ
行送り 30H

行間全角アキ
行送り 40H

四分 ＝ 5H

二分 ＝ 10H

全角 ＝ 20H

アキの名称

全角（1 字分）

四分（しぶん）
二分（にぶん）
三分（さんぶん）
二分四分（にぶしぶ）

4. 本文組を考える

1. 大きさと書体

　一般的に本文は大きくなってきている。かつては文庫本の本文は、8ポ、あるいは12級が基本だったが、現在は9ポか13級、あるいは13.5級の大きさを使っているものもある。ご高齢の方向きの雑誌には14級や15級を本文に使用した物も多い。現在みなさんが読まれているこの本文は13級で、書体は「リュウミン R-KL」を使用している。本文書体に関しては太くなる傾向が出ている。

本文組の見本

●大きさの違い（リュウミンR-KL、行送り19歯）

14級

字の大きさ、書体、1行の字詰、文
が違和感を持たずに読み進めることができることです。文
本文組の基本は、まずは読者

13級

きさ、書体、1行の字詰、行間
違和感を持たずに読み進めることができることです。文字の大
本文組の基本は、まずは読者が

12級

1行の字詰、行間のアキなど引っか
感を持たずに読み進めることができることです。文字の大きさ、書体、
本文組の基本は、まずは読者が違和

●太さの違い（13級リュウミン、行送り19歯）

EH-KL

書体、1行の字詰、行間のアキな
和感を持たずに読み進めることができることです。文字の大きさ、
本文組の基本は、まずは読者が違

EB-KL

書体、1行の字詰、行間のアキな
和感を持たずに読み進めることができることです。文字の大きさ、
本文組の基本は、まずは読者が違

M-KL

書体、1行の字詰、行間のアキな
和感を持たずに読み進めることができることです。文字の大きさ、
本文組の基本は、まずは読者が違

太さのバリエーション

●リュウミン（20級）

L-KL	太さの変化
R-KL	太さの変化
M-KL	太さの変化
B-KL	太さの変化
EB-KL	太さの変化
H-KL	太さの変化
EH-KL	太さの変化
U-KL	太さの変化

●新ゴ（20級）

EL	太さの変化
L	太さの変化
R	太さの変化
M	太さの変化
DB	太さの変化
U	太さの変化

新ゴには他にB、Hがある。

キャプション＝横組、10級、
M中ゴシックBBB、
字送りベタ（10歯）、行送り14歯

本文＝縦組、13級、リュウミンR-KL、
字送りベタ（13歯）、17字詰め、
行送り22歯

書体はL、R、M、B、E、H、Uの順で太くなるが、本文にはL～Mまでの太さの明朝体を使いたい。最近Bを使っている雑誌も見かけるが、画数の多い文字では潰れて識別しにくく、可読性を損なうこととなる。

2. 読みやすい字詰めは

1行の文字数を字詰めという。雑誌の本文は過去の可読性の実験からも15字から25字程度が良いように思える。新聞の15字詰めや書籍の40字詰めは、読者の慣習に頼った、あるいは生理的な面を無視した例外の字詰めともいえる。

特に縦組の場合、15字未満では眼球の上下動が激しく、単純に眼球を上下に動かす筋肉のない人間の目には、過度な疲労を与えることとなる。また30字以上になると、行間の広さとも関連するが、縦での眼球の移動距離が長いため、同じ行を読んでしまうという経験がおありの方も多いのでは。

3. 行間のアキは

字詰めと行間は密接に関連し読者に読みやすい環境を提供する重要な要素となっている。本文の行間は二分から二分四分（送りで表記するなら12級で18歯送りから20歯送り）を原則としたい。二分未満だと窮屈で読みにくく、ルビを振ることさえ不可能である。行間は読みやすさの面からは広ければ広いに越したことはないが、全角以上になると「幼い」、「子ども向け？」というイメージを読者は持ってしまい、読んでみたいという意欲が削がれてしまう。

5. 書体のイメージ

DTP や CTS で使用される印刷文字には、さまざまな書体がある。記事のタイトルや書籍の題字ではその書体の持つ視覚イメージをつかみ、記事内容に合った書体を選ぶ。

化粧品の記事のタイトル（下図左）

にゴナ U では美人になれそうにないし、格闘技の記事のタイトル（下図右）に LHM では強そうには見えない。タイトル書体の選び方によっては、記事内容とは逆なイメージを読者に与えてしまう恐れもある。

この夏の**化粧品**

この夏の化粧品

格闘技no.1 *K-1*だ

格闘技no.1 **これが K-1だ**

書体		イメージ
LHM (本蘭明朝 L)	視覚イメージを大切に	（女性的・清潔・はかない）
EM-OKL (石井特太明朝体)	視覚イメージを大切に	（真面目・平凡・しずく）
UM (大蘭明朝体)	視覚イメージを大切に	（重厚・豊満・海）
BG-A-KL (石井太ゴシック体)	視覚イメージを大切に	（役人・安心・古い）
UNAG (ゴナ U)	視覚イメージを大切に	（どっしり・力強い・筋肉）
BT-A (石井太教科書体)	視覚イメージを大切に	（学習・静寂・母）
BBL (岩蔭太行書)	視覚イメージを大切に	（日本的・ゆかた・謙虚）
RA (曾蘭隷書)	視覚イメージを大切に	（中国的・フワフワと・やさしい）
AL-KL (淡古印)	視覚イメージを大切に	（幽霊・退廃的・恐怖）

文字は写研書体の 32Q を使用。右の（　）内は、日本ジャーナリスト専門学校の学生 75 人に書体イメージのアンケート（1993.10）を行った中で特長のあるものを表記している。写研の書体は残念ながら DTP 用には販売されていない。

60 級、秀英明朝 B
70 級、リュウミン H-KL
60 級、ゴシック MB101 DB

39 級、秀英明朝 B
24 級、リュウミン B-KL

20 級、ゴシック MB101 B
70 級、ゴシック MB101 B

和文書体のデザイン

仮想ボディー
計算上の大きさ（100Q = 25mm）

標準字面
実際の文字の大きさ（書体によって違う）

和文書体は正方形の枠の中にデザインされている。そのため縦組みにも横組みにも組むことが可能だ。計算上の枠を仮想ボディー、各書体により実際にデザインされる枠を標準字面と言う。

太 太

標準字面の違いによって同じ級数でも大きさが違って見える。左は新ゴ M、右は教科書体 M。共に 40 級。

DTP で使われる書体例 （見本は 24 級・12 級）

	見本		見本
B 太ミン A101	豊かな表情を持 / 豊かな表情を持つ DTP 書体。	ゴシック MB101 R 他にL、M、DB、B、H、Uがある	豊かな表情を持 / 豊かな表情を持つ DTP 書体。
B 太ゴ B101	豊かな表情を持 / 豊かな表情を持つ DTP 書体。	じゅん 201 他に 101、34、501 がある	豊かな表情を持 / 豊かな表情を持つ DTP 書体。
M 中ゴシック BBB	豊かな表情を持 / 豊かな表情を持つ DTP 書体。	秀英横太明朝 M	豊かな表情を持 / 豊かな表情を持つ DTP 書体。
見出ゴ MB31	豊かな表情を持 / 豊かな表情を持つ DTP 書体。	陸隷	豊かな表情を持 / 豊かな表情を持つ DTP 書体。
見出ミン MA31	豊かな表情を持 / 豊かな表情を持つ DTP 書体。	カクミン R 他 M、B、H がある	豊かな表情を持 / 豊かな表情を持つ DTP 書体。
教科書 ICA R 他にL、M がある	豊かな表情を持 / 豊かな表情を持つ DTP 書体。	小琴遊かな	豊かな表情を持 / 豊かな表情を持つ DTP 書体。
新正楷書 CBSK1	豊かな表情を持 / 豊かな表情を持つ DTP 書体。	勘亭流	豊かな表情を持 / 豊かな表情を持つ DTP 書体。

6. 印刷管理

1. 印刷管理とは

　「印刷管理」とは、第三者に文字入力・デザイン・写真類の取り込みや補正・アミ掛けなどのなんらかの加工を依頼した場合、編集部の責任において必ず1回は、その加工状況をチェックする作業である。

　かつては、印刷所に依頼した作業をチェックするという、工程的にも理解しやすいものだったが、現在では、その加工を依頼する相手が、印刷所の場合もあるし、編集プロダクションや個人のデザイナーの場合もある。社内のデザイン部ということもある。

2. アナログ時代のシステム

　アナログ時代は、まずはレイアウト指定紙と文字原稿、写真や図版を印刷所に入稿し、印刷所内で組版してもらい版下を作成する。この版下をコピーした文字ゲラ（校正紙）をチェックするのが文字校正だった。文字の校正と共にレイアウト指定紙どおりにゲラができているかもチェックする。この時点では写真は入っていない。写真部分をアタリ線で囲み、位置だけが分かるようになっていた。

　この文字校正が校了になる（編集部から校了と朱書きされたゲラが印刷所へ戻される）と、印刷所内部では製版の行程へ作業が移される。製版では写真が取り込まれ4色に分版され、文字版下は線画撮りされ、写真と文字がセットされた製版フィルムが作成された。

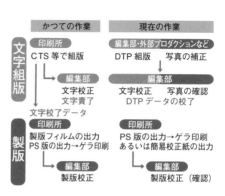

　1色の場合は、この製版フィルムから青焼きが作成され、製版校正紙（青焼校正紙）として編集部へ出される。カラーの場合はフィルムから4枚のPS版（刷版）を作り、校正用に印刷し、色校正紙として編集部へ出される。

　文字校正→製版校正（青焼校正、色校正）→印刷の流れが1本で分かりやすく、チェック内容も明確だった。

3. 技術革新で便利になったが……

　DTPの普及で、かつて印刷所の独壇場だった文字組版が編集部内でも可能になり、写真の補正などもパソコンソフトでできるようになった。印刷所内部でも製版フィルムを使わない刷版の出力（CTP）や、刷版を使わない簡易校正も一般化して経費の削減にも貢献している。

　ただ便利になった分、一部のDTP担当者に作業が集中したり、チェックすべき内容や抑えるべき時点を間違ったりと、混乱した現場を見かけることも多くなった。

7. 文字の校正

DTP作業が終わり、デザインされた校正紙（ゲラ。最近はPDFで送られることが多い）が上がってくると、編集部では文字校正の始まりとなる。

文章の入力と推敲は、DTP作業前に編集部側で済ませ、テキストデータでのデザイン入稿が一般的になっている。そのため文字校正では、素読みによる文字内容の再確認と、デザインイメージの確認が中心となる。

校正回数は、初校、再校の2回を原則とする。可能であれば、三校目を念校として取る。

1. 文字初校

上がってきた校正紙を、ライターや校正者に宅配便やPDFファイルなどで送り、ここから文字初校が始まる。

文字校正では、まず初校で、最も時間をかけて確認する。文字だけではなく写真のトリミングやキャプションとの整合性なども確認する。

ライターや校正者から赤字が戻ると、1枚の校正紙にまとめ、DTP担当者へ戻す。

2. 文字再校

DTPから2回目のゲラが上がってくる。ここでは、初校の赤字が正確に訂正されているかを確認する作業で、素読みもする。また、初校の赤字が多い場合は、二人以上で複数回確認するようにする。

確認が終われば、初校同様に1枚の戻し校正紙にまとめるが、「要念校」、「責了（責任校了）」、「校了」などの作業進行に関する指示を忘れないようにする。

●初校ゲラの戻しでは

複数の関係者の赤字を一つにまとめる　編集長の赤字　校正者の赤字　ライターの赤字

「要再校」のサイン→

担当の赤字（戻し用）

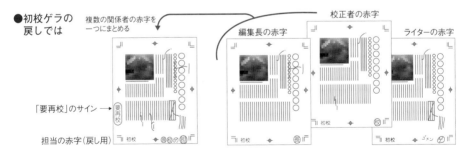

●再校ゲラの戻しでは

作業進行に対する指示

念校を取る場合　　　赤字が少ない　　　赤字がない

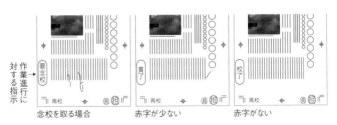

8. 写真の校正

1. 製版校正という工程の変遷

　製版とは網点が入るものと入らないものを区別し、製版フィルムを作成する工程を指した。そのフィルムから青焼校正や刷版を作っての色校正が写真や色を確認するための製版校正だった。そのため文字校正の次が製版校正と理解しやすい順序だった。

　ところが製版フィルムがなくなり、技術革新でパソコンで写真の補正や管理もできるようになり、どこに何をどこまで依頼するかで、写真の訂正の担当も変わってきた。

　最近はDTPソフトデータでの入稿ではなく、文字情報も埋め込まれたPDFファイルでの入稿が増えている。その場合は印刷所での写真訂正はできない。また、DTPソフトデータでの印刷所入稿であっても、予算の関係でDTP担当者が写真補正し、実データで入稿するよう依頼されるケースもある。このような場合、印刷所入稿後の色校正での色調指示の訂正は、も

う一度DTP担当者に戻り、写真の補正という作業になる。

　ここでは「写真の校正」というタイトルで、写真に対する指示を中心に解説したい。

2. 理想的なシステムは？

　本題に入る前に、「どこに何を頼むか？」を考えてみたい。

　結局は「予算が許せば」ということになるのだが、写真の管理は印刷所の製版にお任せするのが一番安心できるように思える。工程的にも文字校了したデータを印刷所に入れた後は、すべて印刷所とのやり取りとなる。つまりDTPでは写真は軽いアタリ用で作業し、文字校了になったDTPデータと頁数・合番号を振った写真の実データを印刷所へ入稿する。印刷所では写真を補正し、DTPデータ内のアタリ用写真を実データと差し替え、色校正紙を出すのである。

　仮に実データでの入稿であっても、

DTPゲラでのトリミング変更

写真校正の表記例

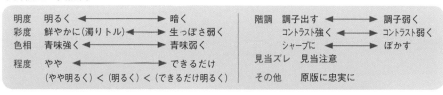

明度	明るく ◀━━━━▶ 暗く	階調	調子出す ◀━━━━▶ 調子弱く
彩度	鮮やかに(濁りトル) ◀━━━━▶ 生っぽさ弱く		コントラスト強く ◀━━━━▶ コントラスト弱く
色相	青味強く ◀━━━━▶ 青味弱く		シャープに ◀━━━━▶ ぼかす
程度	やや ━━━━▶ できるだけ	見当ズレ 見当注意	
	(やや明るく) < (明るく) < (できるだけ明るく)	その他 原版に忠実に	

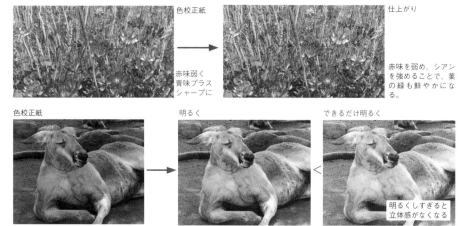

色校正紙 → 仕上がり

赤味弱く
青味プラス
シャープに

赤味を弱め、シアンを強めることで、葉の緑も鮮やかになる。

色校正紙 | 明るく | できるだけ明るく

明るくしすぎると立体感がなくなる

印刷所入稿後の1色頁の白焼き校正と色校正は必ず取りたい。面付け（印刷する時の頁順）の確認だけでなく入稿データと印刷所内のシステムとの互換性の有無を確認する必要もある。

3. DTP入稿時の注意

　DTP担当者へデータを渡すことを「デザイン入稿」と呼ばれるが、この前に編集部では写真データの確認をする。著者から預かった写真データの解像度が不足していないかを確認する。カラー写真を印刷で使用する場合、原寸使用で350dpi（印刷での使用線数の2倍）が必要となる。例えばこの頁の1段で使用する場合は左右55mmで、2段で使うなら120mmで350dpi以上の解像度があることを確認する。

　DTP担当者は写真データのRGBを

CMYKに変換し作業する。解像度350dpiとCMYKがPDFや実データでの印刷所入稿の原則である。

　また、明らかに色調がおかしい写真は入稿時に「赤味弱く」「シャープに」などと指示する。

4. 写真の変更や色指示
（1）DTPゲラでの指示

　DTPゲラ、つまり文字校正ゲラの段階では、写真のトリミング、キャプションと写真の関係を中心に確認する。トリミングに変更が生じた場合は、写真上に赤線で指示を入れる。

（2）色校正での指示

　印刷所から上がった色校正紙での写真の校正は、かつては紙焼きやポジフィルムを側に置いて比較しながらの作

色の変更指定例

暖炉のあかり ⟶ 暖炉のあかり

ベース
M-40%
Y-60%
に変更

色の三属性

明度

| 明るい | 暗い |

彩度

| 色味の強い | 色味の弱い |

色相

| 赤 | 緑 | 青 | など |

さまざまなカラーチャート

業だった。今は最初からデータとなった写真がほとんどで、比較すべき元原稿がない。

まずは紙面全体の色調イメージに違和感がなければ基本 OK としよう。違和感がある写真に対して「赤味弱く」、「コントラスト強く」、「明るく」など明確な指示をすること。

デジタルカメラで撮られた写真は、かつてのリバーサルフィルムと違って、シャープネスに欠ける傾向があるように感じる。一度シャープネスを掛けての入稿をお勧めする。

（3）写真以外の色の指示

カラーの印刷物には、写真やイラスト以外にも文字や飾りに色は使われている。色の変更にはカラーチャートを使用し、C、M、Y、K の％を指示する。デザイナーは時に応じて印刷され

たカラーチャートとモニターとの違いを比較しながら作業している。

●

出版物の制作は頁物の印刷物を作ること。印刷に関する知識は必須だ。もちろん制作以前の企画が大切であることは当然だが、編集者には企画と制作の二つのバランスが求められる。

制作においてはシステムの理解が重要である。DTP ゲラでの文字校正から印刷所入稿。この時点では文字は校了データであること。印刷所から出て来る色校正ゲラでは写真の確認が中心であること。

ところが色校正ゲラで、文字の赤字を入れて平気な編集者がいるような出版社もあるようだ。どうやら予算もふんだんにある広告業界でのシステムをまねているようである。残念ながら毎回色校正で文字直しを行えるような予算は出版にはない。少ない予算で、魅力的な印刷物を作る。そのための第一条件が、印刷所入稿の DTP データは、「文字校了」したデータであること。ここだけは押さえたいものである。

第7章

著作権法の基礎知識

　この章では、具体的な事例を通して、編集術としての著作権法の基礎知識について学びます。

1. 知的財産権について考え、著作権法と特許法、実用新案法、意匠法、商標法、不正競争防止法などの知的財産関連法の相違点について学びます。

2. 著作権法で保護される著作物の定義と権利の発生する著作物について具体例を学びます。

3. 著作物の利用形態について、二次著作物、編集著作物、データベースの著作物、職務作成上の著作物、共同著作物などの具体例と、権利の発生しない著作物の具体例を学びます。

4. 著作財産権と著作者人格権について学び、複製権、上映権、演奏権、公衆送信権、口述権、展示権、頒布権、譲渡権、貸与権、翻訳権、翻案権などの具体例について学びます。

5. 著作権の制限規定と自由利用について学びます。

6. 新しく創設された電子出版権の概要を学びます。

7. 著作権の保護期間の延長など平成30年改正の概要を学びます。

8. 適法引用と出所明示、出版権及び電子出版権と出版権設定契約、著作隣接権と出版社の権利など、編集実務と著作権について学びます。

1. 知的財産権と著作権法

1. 知的財産権法の定義

　知的財産権法（無体財産権法ともいう）とは、「著作権法」と「特許法」、「実用新案法」、「意匠法」、「商標法」などの工業所有権法を合わせた、知的創造に対する総合的な保護法をいう。

　人の文化的創作を保護するのが著作権法であり、産業的創作を保護するのが工業所有権法である。

　創作から生まれる「無形の財産」に対する権利を保護し、文化や産業の発展に寄与することを目的としている。

　著作権法や特許法は創作を保護する法律で、創作を真似ると模倣になる。商標法や不正競争防止法などは、そのマークや商品の顧客吸引力（グッドウィル）による信用を保護しており、信用を真似ると虚偽の表示となる。

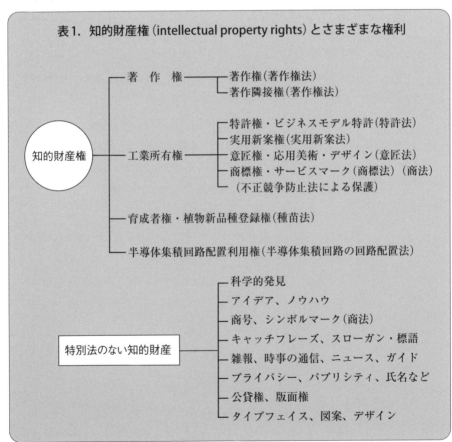

表1. 知的財産権（intellectual property rights）とさまざまな権利

知的財産権

著 作 権
- 著作権（著作権法）
- 著作隣接権（著作権法）

工業所有権
- 特許権・ビジネスモデル特許（特許法）
- 実用新案権（実用新案法）
- 意匠権・応用美術・デザイン（意匠法）
- 商標権・サービスマーク（商標法）（商法）
- （不正競争防止法による保護）

育成者権・植物新品種登録権（種苗法）

半導体集積回路配置利用権（半導体集積回路の回路配置法）

特別法のない知的財産
- 科学的発見
- アイデア、ノウハウ
- 商号、シンボルマーク（商法）
- キャッチフレーズ、スローガン・標語
- 雑報、時事の通信、ニュース、ガイド
- プライバシー、パブリシティ、氏名など
- 公貸権、版面権
- タイプフェイス、図案、デザイン

2. 知的財産権法の特徴

（1）著作権法

著作権法は、人の思想または感情の創作的な表現物を無登録で保護しており、著作権者の財産的権利を保護すると同時に、著作者の著作者人格権を保護しているところに特異性がある。

また、著作者と同様な権利を保護するため、実演家やレコード製作者の著作隣接権を保護している。

著作隣接権の一種として、出版界では、出版社の権利を「版面権」として保護することを主張しているが、現行の著作権法では認められていない。

（2）特許法、実用新案法

特許法では「自然法則を利用した技術的思想の創作のうち高度なもの」を発明として保護し、実用新案法では、「自然法則を利用した技術的思想の創作」を考案として保護している。

アイデアを保護するのが、特許法や実用新案法であり、著作権法では、アイデアは保護されない。また、著作権法と違い、特許や実用新案では新規性と進歩性が問われることになり、登録して初めて保護される。

（3）意匠法、商標法

物の外観としてのデザインは意匠として、商品やサービスの目印として使用されるマークなどは商標として、登録すれば保護される。

（4）不正競争防止法

不正競争防止法は、「権利が生じる」ことを規定しているのではなく、不正な行為によって生じる賠償責任について規定している。

不正競争、商標、標章、営業秘密などを保護しており、全国的に知られている著名な商品等の表示（商品表示・営業表示）と同一または類似のものを使用したり生産した場合や、不正な手段で営業秘密を取得したりする行為を不正競争としている。

（5）特別法のない知的財産権と人権

特別法のない知的財産や知的創造物は、さまざまな形で保護されている。また、プライバシーや肖像権・パブリシティ権など、憲法や民法などの派生的権利として保護されるケースがあり、人権の問題としても留意しておきたい。

プライバシーとは、「一人にしておいてほしい権利（right to be let alone）」のことで、他人から勝手にその人の私生活や私事を公開されない権利のことである。

プライバシー侵害で争われた事件に三島由紀夫氏の『宴のあと』や柳美里氏の『石に泳ぐ魚』があるが、表現の自由との関連で留意したい教訓である。

肖像権や氏名権は、個人がみだりに自分の写真を撮影されたり、名前を利用されたりしないための権利である。軽はずみな取材や撮影で精神的苦痛を与えることのないようにしたいものである。

なお、人格権としての肖像権だけでなく、タレントや有名人は、その写真を財産権として譲渡できるパブリシティ権がある。報道以外の商業利用には、十分な留意が必要となる。

2. 権利の発生する著作物

1. 著作物と著作権

　著作権は、人の創作性のある表現物を保護しており、「思想又は感情を創作的に表現したものであって、文芸、学術、美術又は音楽の範囲に属するもの」を著作物として保護する法律である（著作権法第2条1項一号）。

　日本はベルヌ条約に加盟しており、著作権法は無登録主義をとっている。

　公表された著作物の著作権者は「他人に対し、その著作物の利用を許諾することができる」（第63条）。

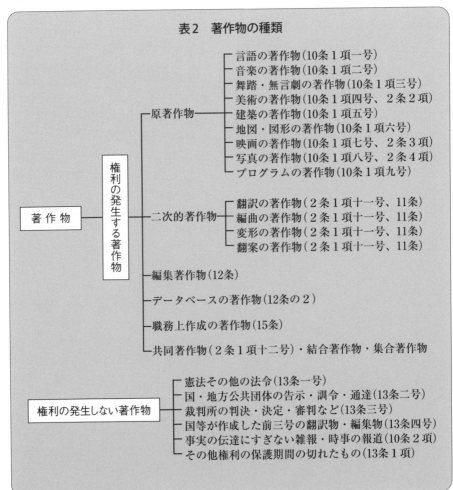

表2　著作物の種類

著作物
　権利の発生する著作物
　　原著作物
　　　言語の著作物(10条1項一号)
　　　音楽の著作物(10条1項二号)
　　　舞踏・無言劇の著作物(10条1項三号)
　　　美術の著作物(10条1項四号、2条2項)
　　　建築の著作物(10条1項五号)
　　　地図・図形の著作物(10条1項六号)
　　　映画の著作物(10条1項七号、2条3項)
　　　写真の著作物(10条1項八号、2条4項)
　　　プログラムの著作物(10条1項九号)
　　二次的著作物
　　　翻訳の著作物(2条1項十一号、11条)
　　　編曲の著作物(2条1項十一号、11条)
　　　変形の著作物(2条1項十一号、11条)
　　　翻案の著作物(2条1項十一号、11条)
　　編集著作物(12条)
　　データベースの著作物(12条の2)
　　職務上作成の著作物(15条)
　　共同著作物(2条1項十二号)・結合著作物・集合著作物

権利の発生しない著作物
　　憲法その他の法令(13条一号)
　　国・地方公共団体の告示・訓令・通達(13条二号)
　　裁判所の判決・決定・審判など(13条三号)
　　国等が作成した前三号の翻訳物・編集物(13条四号)
　　事実の伝達にすぎない雑報・時事の報道(10条2項)
　　その他権利の保護期間の切れたもの(13条1項)

2. 著作物の具体例

　著作物とは、「人間の思想又は感情の表現であること」「表現に創作性があること」「文芸、学術、美術又は音楽の範囲に属するもの」「外部に表現されたものであること」などの条件が備わっているものということになる。

　裁判所が著作物であると判断したものに「漫画のキャラクター」「昆虫の挿絵」「職業別の電話帳」「ルールブックの解説書」などがある。

　裁判所が著作物でないと判断したものに、「タイプ・フェイス」「船荷証券の用紙」「オリンピックマーク」「自然科学における法則」「五十音順の電話帳」「編物の段数早見表」などがある。また、「キャッチフレーズ、スローガン、題号（タイトル）、アイデア」なども、著作権法では保護の対象とされていない。

　著作物の条件を満たしているもので公表された著作物は、著作権法の保護を受けることができるが、第10条に次のような例が掲げられている。

（1）言語の著作物

　小説、脚本、随筆、詩、俳句、論文など文字で表現された文書や、講演、座談会、インタビューなど口述による著作物である。

（2）音楽の著作物

　楽曲と歌詞の著作物があり、歌は楽曲と歌詞の結合著作物といえる。歌手や演奏家には著作隣接権が認められている。

（3）　舞踏または無言劇の著作物

　実演される踊りそのものでなく、身振り手振りで表現される振付が著作物として保護される。なお、無言劇とは、パントマイムなどのことをさす。

（4）美術の著作物

　絵画、イラストレーション、漫画、版画、書、デッサンなどや、彫刻、石像、雪像、氷像、美術工芸品などがある。実用的な応用美術品は、美術の著作物としてでなく意匠法などで保護される。

（5）建築の著作物

　独創的な美的創作性を有する建築物、橋、塔などや学術的な建築物が対象とされており、同じ建物を建築したら複製にあたる。建築の設計図は、図面の著作物として保護される。

（6）地図・図形の著作物

　地図または学術的な設計図や図表、グラフ、模型などがあり、地図には測量地図と既存の地図を編集して作る編集地図がある。国土地理院の測量地図は承認を受けて使用する。簡単な略図による地図の創作性は認められない。

（7）映画の著作物

　劇場映画、ビデオ、DVD、ゲームソフトなどに収録された連続的な映像による表現物が含まれる。

（8）写真の著作物

　光学式の写真やデジタルカメラによる映像などがあるが、絵画など平面な表現物を正面から複製した写真の創作性は認められていない。

（9）プログラムの著作物

　電子計算機を機能させて一つの結果を得ることのできるコンピュータ・プログラム（オブジェクトプログラムやソースプログラム）やコンピュータのOS及びWordなどアプリケーションソフトがある。ただし、Java、C、HTMLなどの汎用言語は含まない。

3. 著作物のさまざまな利用形態

1. 二次的著作物

二次的著作物とは、「著作物を翻訳し、編曲し、若しくは変形し、又は脚色し、映画化し、その他翻案することにより創作した著作物」をいう（第2条1項十一号）。

翻訳とは、たとえば、英語を日本語に翻訳し異なる言語で表現することをいい、編曲とはクラシックをジャズ風にアレンジすることをいい、変形とは絵画を彫刻にしたり、または彫刻を絵画にすることなどをいう。

また、脚色とは小説をシナリオにすることをいい、映画化とは小説やシナリオを映画化することをいう。

翻案とは、アレンジのことで、時代背景を変えたり、原作の小説からアニメを作ることなどをいう。原著作物の著作物性を感じさせる要約（ダイジェスト）は翻案に該当するが、著作物の内容を紹介した抄録（アブストラクト）は翻案には該当しない。

なお、二次的著作物を作るには、原著作権者の許諾を必要とし、二次的著作物を利用する場合には、原著作権者と二次的著作権者の両方の許諾が必要である。

2. 編集著作物

雑誌、新聞、百科事典、判例集、年鑑、論文集、職業別電話帳などの編集物で、素材の選択または配列によって創作性を有する著作物をいう。個々の素材がファクトデータでなく著作物である場合には、その利用には、編集著作権者の許諾と原著作権者の両方の許諾が必要となる（第12条）。

3. データベースの著作物

収集されたデータがコンピュータを用いて検索できるデータベースで、その情報の選択または体系的な構成によって創作性を有する著作物をいう。個々の素材がファクトデータでなく、著作物である場合には、その利用には、データベースの著作権者の許諾と原著作権者の両方の許諾が必要となる（第12条の2）。

ここで、問われているのは創作性であり、一生懸命作業したという「額に汗」の論理は適用されない。

4. 職務上作成の著作物

法人その他使用者の発意に基づき、その法人等の業務に従事する者が職務上作成する著作物（プログラムの著作物を除く）で、その法人等が自己の著作の名義の下に公表する著作物の著作者は、その作成時における契約、勤務規則その他別段の定め（労働協約など）がない限り、その法人等となる（第15条）。

なお、法人等の発意に基づく職務上作成するプログラムの著作物は、法人名を著作者として公表しなくても法人がその著作物の著作者になる。

5. 共同著作物、結合著作物及び集合著作物

　座談会や討論会などのように、二人以上の人が共同して創作した著作物で、その各人の寄与を分離して個別的に利用することができない著作物をいう（第2条1項十二号）。共同著作物の著作者人格権は著作者全員の合意によらなければ行使できない。

　幾つかの論文を寄せ集めた論文集や歌のように歌詞と曲がそれぞれ独立した著作物の場合は、結合著作物あるいは集合著作物と呼ばれる。この場合には、個々の著作物の利用は、それぞれ各人の許諾でできることになる。

6. 権利の発生しない著作物

　憲法その他の法令、国若しくは地方公共団体などの告示、訓令、通達その他これに類するものや裁判所の判決、決定、命令などは、国民に周知させることを目的としており、著作権が認められていない（第13条）。

　単に事実を伝えるだけの人事情報や死亡記事などの雑報や時事の報道などは著作権保護の対象にならない（第10条2項）。ただし、新聞の個々の解説記事には著作権があり、その利用には十分留意する必要がある。

　著作権の保護期間の切れた著作物は、公有（パブリックドメイン）となり、権利の対象からはずれ、だれでも自由に使用することができる。

　また、裁判所が認定した表現物であっても、著作物性の認められないものに「船荷証券用紙、オリンピックマーク（商業利用に制限あり）、自然科学の法則、五十音順電話帳、一輪挿し、

レシピ、一般的なメニュー表、相撲の番付表、簡単な略図による地図」などがあげられる。

7. 権利を受ける著作物の範囲

　権利を受ける著作物の範囲は、第6条に次のように規定されている。
　1. 日本国民の著作物（法人を含む）
　2. 最初に国内において発行された著作物
　3. ベルヌ条約や万国著作権条約により保護の義務を負う著作物

8. 著作物の保護期間

　著作権の保護期間を経過した著作物は、だれでも自由に利用することができる。しかし、著作者が生存していたら著作者人格権の侵害となるような行為は禁じられている（第60条）。

　実名の著作物：死後70年（生前公表、死後公表を区別しない）

　無名・変名の著作物：公表後70年（死後70年経過していれば、その時点まで）

　団体名義の著作物：公表後70年（創作後70年以内に公表されなければ創作後70年）

　映画の著作物：公表後70年（創作後70年以内に公表されなければ創作後70年）

9. 実演家の権利（著作隣接権）

　著作物の伝達に重要な役割を果たしている実演家、レコード製作者、放送事業者、有線放送事業者などは、著作隣接権を有しており、実演や録画、録音、放送等を行った日の翌年から70年間保護されている。

4. 著作権法上の権利の種類

1. 著作者の2つの権利

　著作権者には、財産権としての「著作財産権」とともに公表権、氏名表示権、同一性保持の3つの「著作者人格権」が認められている（第18条）。

著作者が著作権者であることが通常であるが、著作財産権は譲渡または相続することができるが、著作者人格権は、著作者の一身に専属し、譲渡することはできない（第59条）。

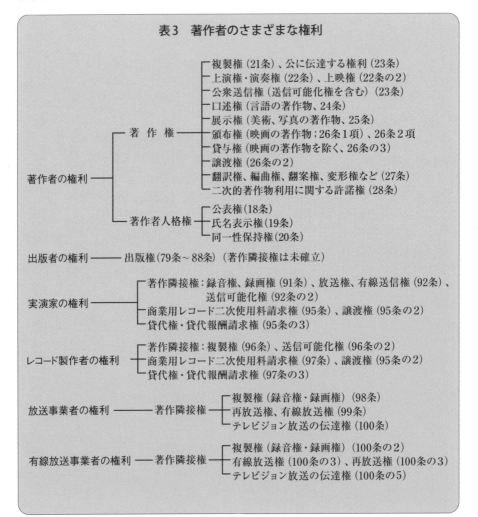

表3　著作者のさまざまな権利

著作者の権利
- **著作権**
  - 複製権（21条）、公に伝達する権利（23条）
  - 上演権・演奏権（22条）、上映権（22条の2）
  - 公衆送信権（送信可能化権を含む）（23条）
  - 口述権（言語の著作物、24条）
  - 展示権（美術、写真の著作物、25条）
  - 頒布権（映画の著作物；26条1項）、26条2項
  - 貸与権（映画の著作物を除く、26条の3）
  - 譲渡権（26条の2）
  - 翻訳権、編曲権、翻案権、変形権など（27条）
  - 二次的著作物利用に関する許諾権（28条）
- **著作者人格権**
  - 公表権（18条）
  - 氏名表示権（19条）
  - 同一性保持権（20条）

出版者の権利 —— 出版権（79条～88条）（著作隣接権は未確立）

実演家の権利
- 著作隣接権：録音権、録画権（91条）、放送権、有線送信権（92条）、送信可能化権（92条の2）
- 商業用レコード二次使用料請求権（95条）、譲渡権（95条の2）
- 貸代権・貸代報酬請求権（95条の3）

レコード製作者の権利
- 著作隣接権：複製権（96条）、送信可能化権（96条の2）
- 商業用レコード二次使用料請求権（97条）、譲渡権（95条の2）
- 貸代権・貸代報酬請求権（97条の3）

放送事業者の権利 —— 著作隣接権
- 複製権（録音権・録画権）（98条）
- 再放送権、有線放送（99条）
- テレビジョン放送の伝達権（100条）

有線放送事業者の権利 —— 著作隣接権
- 複製権（録音権・録画権）（100条の2）
- 有線放送権（100条の3）、再放送権（100条の3）
- テレビジョン放送の伝達権（100条の5）

2. 著作権（著作財産権）と権利の束

　著作者人格権と異なり、財産権としての著作権は、さまざまな権利の束であり、個別に他人に譲渡したり、遺族が相続したりすることができる。

（1）複製権（第21条）

　著作者は、その著作物を印刷、写真、複写、録音、録画などの方法によって、そのまま再現する権利を有している。

（2）上演権、演奏権（第22条）

　著作者はその著作物を公衆に直接見せまたは聞かせることを目的として上演し、演奏する権利を有している。

（3）公衆送信権等（第23条）

　著作者は、その著作物をインターネットなどで公衆送信（自動公衆送信の場合は送信可能化権も含む）を行う権利を専有している。公衆送信された著作物を受信装置を用いて、公に伝達する権利を専有する。

（4）口述権（第24条）

　著作者は、その著作物を講演、講義、朗読、説教などで言語の著作物を公に口述する権利を有する。

（5）展示権（第25条）

　著作者は、美術の著作物や未発行の写真の著作物を公に展示する権利を有する。

（6）頒布権（第26条）

　映画の著作物固有の権利で、著作者は、その複製物を頒布する権利（映画フィルムの配給権）を有する。なお、映画の著作物の著作権は、映画会社に帰属する。映画の著作者は、著作物を公に上映する権利を有している。

（7）譲渡権（第26条の2）、貸与権（第26条の3）

　映画を除く著作物には、著作物の複製物を譲渡したり、貸与したりする権利を有する。譲渡権は、最初の譲渡で消尽する（読者が購入した時点で消尽、ファストセールドクトリンという）。

（8）翻訳権、翻案権（第27条）

　著作者は、著作物を翻訳し、編曲し、変形し、または脚色し、映画化し、その他翻案する権利を有する。

3. 著作者人格権

　著作者には、著作財産権のほかに、公表権、氏名表示権、同一性保持権の3つの著作者人格権がある。

（1）公表権（第18条）

　その著作物を公表するのか、しないのかを決める権利。

（2）氏名表示権（第19条）

　その著作物に実名または変名（ペンネーム）による名前を表示するのか、しないのかを決める権利。

（3）同一性保持権（第20条）

　その著作物の内容及び題号の同一性を保持する権利を有し、その意に反しこれらの変更、切除、その他の改変を受けないものとする。

4. 出版権（電子出版権）

　出版権（第79条）とは、出版を引き受ける者と著作権者（複製権者）の間の同意を得て、文書または図画を頒布の目的をもって複製できる権利で、出版者は「出版権設定契約」を結ぶことで出版権が確立する。出版契約は出版行為の要であり、出版者は契約で定められた範囲内で排他的権利を持つことができる（⇒140〜141ページ参照）。

5. 著作権の制限と自由利用

1. 著作物利用の原則

（1）著作物の利用（無断使用不可）

他人の著作物を利用するには、原則として、著作権者の許諾が必要であり、その許諾の範囲内での利用でなければならない（第63条）。

（2）著作者人格権の尊重

他人の著作物を利用する場合には、著作者人格権を尊重しなければならない（第18条～第20条）。

（3）許諾なしに利用できる著作物

保護期間を経過した著作物（第51条）や権利の目的とならない著作物（第13条）、その他法の適用外の著作物（第6条）、非著作物（著作物に該当しないもの）、裁判で単なる表現物とされたものなどは著作者の許諾なしに利用できる。

2. 著作物を自由に使用できる場合

著作権法は、著作物の公正な利用を図り、文化の発展に寄与するために、一定の範囲内での著作権の制限を第30条から第50条で規定している。

（1）私的使用のための複製（第30条）

個人的または家庭内その他これに準ずる範囲内（数人の友人）での自由な利用は認められる。なお、私的利用ではあるが「私的録音補償金制度」により補償金を負担しているケースもある。

（2）図書館等における複製（第31条）

公共図書館、大学図書館等では、「図書館利用者の調査、研究用の複製」「公表された著作物の一部分の複製（通常、半分以下）」「図書館利用者一人につき一部の提供」「図書館資料の保存のため及び入手困難な図書館資料の保存」などの場合に限り著作権者の許諾なしに複製できる（営利目的不可）。

（3）引用（第32条）

公表された著作物は、引用して利用することができる。引用の条件と出所明示については144ページ参照のこと。

（4）教科書への掲載（第33条）

公表された著作物は、学校教育の目的上必要と認められる限度において、教科用図書に掲載することができる。教科書へ掲載する場合、著作権者の許諾は必要でないが、教科書へ使用する旨を著作者に通知し、一定額の補償金を支払う。

（5）学校教育番組の放送等（第34条）

公表された著作物は、学校教育の目的上必要と認められる限度において、学校向けの放送番組などで放送し、これらの番組の教材に掲載することができる。この場合も、使用する旨を著作者に通知し、一定額の補償金を支払う。

（6）学校その他教育機関における複製（第35条）

学校その他教育機関において教育を担当する者は、その授業に必要な範囲内において、著作物を複製することができる。だだし、私人経営の予備校などは含まない。

（7）試験問題としての複製（第36条）

公表された著作物は、入学試験その

他人の学識技能に関する試験または検定の目的上必要と認められる限度において、当該試験または検定の問題として複製することができる。秘密性保持のため事前の許諾は必要ないが、予備校などの営利目的の場合は使用料に相当する補償金を支払う。

（8）点字による複製等（第37条）

公表された著作物は、視覚障害者のため、点字による複製ができ、点字図書館などで専ら視覚障害者向けの貸出し用として録音することができる。

（9）営利を目的としない上演、演奏等（第38条）

営利を目的とせず、料金徴収なしの場合、公表された著作物は、上演、演奏、口述することができる。実演家の報酬が支払われる場合はこの限りでない。

（10）時事問題に関する論説の転載等（第39条）

新聞や雑誌に掲載された政治上、経済上、社会上の時事問題に関する無署名の論説は、学術的な性質を有するものを除き、他の新聞、雑誌に掲載したり、有線放送に使用することができる。

禁転載の表示がある場合には転載できないが、この場合にも適法引用の条件を満たす引用は認められる。

（11）政治上の演説等の利用（第40条）

公開の場での政治上の演説または陳述、裁判手続における公開陳述は自由に使用することができる。

（12）時事の事件の報道のための利用（第41条）

時事の事件を報道する場合は、報道の目的上正当な範囲内であれば当該事件を構成する著作物を複製し、報道に利用することができる。

（13）裁判手続等における複製（第42条）

裁判手続のため及び立法または行政の目的のために内部資料として必要と認められる場合には、その必要と認められる限度において複製することができる。

（14）美術の著作物の所有者による展示（第45条）

美術または写真の著作物の原作品を著作者から譲り受けた者またはその同意を得た者は、その著作物の原作品を公に展示することができる。ただし、公園や公開されている場所の屋外等での恒常的設置は許諾が必要である。

（15）公開の美術の著作物等の利用（第46条）

美術の著作物でその原作品が公園等の屋外の場所に恒常的に設置されているものまたは建築の著作物は、彫刻の増製、建築による複製、販売目的の美術品の複製などを除き利用することができる。

（16）展覧会のカタログ等への掲載（第47条）

展示会において展示出品物の解説書や案内書等に複製して掲載することは自由にできる。観覧者用であっても、鑑賞目的の豪華本や画集等は含まない。

（17）プログラム著作物の複製物の所有者による複製等（第47条の2）

自ら当該著作物を電子計算機において実行するために必要と認められる限度において、当該著作物を複製することができる。

6. 出版者の権利と出版契約

1. 電子書籍に対応した出版権の整備

　2014年4月25日、電子出版権の創設などを盛り込んだ著作権法の一部を改正する法律が可決成立した。

　電子書籍時代の到来に合わせ、従来の「出版権」とともに「電子出版権」という概念が規定された。

（1）出版権の設定（第79条関係）

〈出典：以下、文化庁広報資料〉

　著作権者は、著作物について、以下の行為を引き受ける者に対し、出版権を設定することができる。

　① 文書又は図画として出版すること（記録媒体に記録された著作物の複製物により頒布することを含む）【紙媒体による出版やCD-ROM等による出版】

　② 記録媒体に記録された著作物の複製物を用いてインターネット送信を行うこと【インターネット送信による電子出版】

（2）出版権の内容（第80条関係）

　出版権者は、設定行為で定めるところにより、その出版権の目的である著作物について、次に掲げる権利の全部又は一部を専有する。

　① 頒布の目的をもって、文書又は図画として複製する権利（記録媒体に記録された電磁的記録として複製する権利を含む）

　② 記録媒体に記録された著作物の複製物を用いてインターネット送信を行う権利

（3）出版の義務・消滅請求（第81条、第84条関係）

　① 出版権者は、出版権の内容に応じて、以下の義務を負う。ただし、設定行為に別段の定めがある場合は、この限りでない。

　＊ 原稿の引渡し等を受けてから6ヶ月以内に出版行為又はインターネット送信行為を行う義務

　＊慣行に従い継続して出版行為又はインターネット送信行為を行う義務

　② 著作権者は、出版権者が①の義務に違反したときは、義務に対応した出版権を消滅させることができる。

＊　　　＊　　　＊

　付帯決議として「従前の出版事業者の尊重」「みなし侵害規定」など出版者からの要望なども可決され、課題に「裁判外紛争解決手段（ADR）の創設」どが求められた。

　改正著作権法の施行日は、2015年1月1日であるが、この改正を受け、日本書籍出版協会では、「出版契約書」のヒナ型の見直しを行い、2014年10月に次ページの紙媒体・電子出版を一括した「新しい出版契約書」のヒナ型を公表した（次ページ参照）。

　なお、著作権法の改正に伴い、紙と電子の新時代に対応するため、「JPO出版情報登録センター」が設立された。

出版者の権利と電子書籍時代の出版契約

　出版者は著作権者（複製権者）と、出版権設定契約を結ぶ（第79条）ことで、その出版権の目的である著作物の原作を文書または図画として頒布の目的をもって複製する権利を専有することができる（第80条）。

　契約に特段の定めがないときには、原稿の引渡しを受けた日から6ヵ月以内に出版しなければなりません（第81条）。また、重版するときには、著作者にその旨通知しなければなりません（第82条）。

　現在、日本書籍出版協会では、電子化時代のデジタル化に対応し出版社が積極的・主体的に電子出版に関わるための契約条項を盛り込んだ「出版契約書ヒナ型」を3種類提示している。利用に当たっての注意事項を抜粋して紹介する。

（1）出版権設定契約書ヒナ型1

（紙媒体・電子出版一括設定用）2017年版『出版契約書』

　書協の出版契約書ヒナ型は「出版権設定契約」として作成されています。出版権設定契約とは、著作物を出版する際に、著作権者と出版社とが締結する出版契約のスタイルとして、著作権法が用意しているものです。

　なお、出版権の内容は、以下の第1号から第3号までのとおりとする。

①紙媒体出版物（オンデマンド出版を含む）として複製し、頒布すること

②DVD-ROM、メモリーカード等の電子媒体（将来開発されるいかなる技術によるものをも含む）に記録したパッケージ型電子出版物として複製し、頒布すること。

③電子出版物として複製し、インターネット等を利用し公衆に送信すること（本著作物のデータをダウンロード配信すること、ストリーミング配信等で閲覧させること、および単独で、または他の著作物と共にデータベースに格納し検索・閲覧に供することを含むが、これらに限られない）

（2）出版権設定契約書ヒナ型2

（紙媒体出版設定用）2017年版『出版契約書（紙媒体）』

【出版契約書ヒナ型2（紙媒体）第3条（4）】

「本著作物の電子出版としての利用については、甲は乙に対し、優先的に許諾を与え、その具体的条件は甲乙別途協議のうえ定める。」

（3）出版権設定契約書ヒナ型3

（配信型電子出版設定用）2015年版『出版契約書（電子配信）』）

【出版契約書ヒナ型3（電子配信）第3条（4）】

「本著作物の紙媒体出版としての利用またはDVD-ROM、メモリーカード等の電子媒体（将来開発されるいかなる技術によるものをも含む）に記録したパッケージ型電子出版としての利用については、甲は乙に対し、優先的に許諾を与え、その具体的条件は甲乙別途協議のうえ定める。」

　利用上の注意：上記3種類は、2015年1月1日からの新たな出版権規定に対応する出版契約書の「ヒナ型」です。いずれも各社の契約実態に合わせて当事者間で合意が得られるよう必要な加除修正を行った上、ご利用ください（ヒナ型の「別掲」部分については、各社で取捨選択が必要な箇所もありますのでご留意ください）。

7. 著作権法平成30年改正の概要

著作権法は、しばしば改正され、前述したように「電子出版権」の新設など電子化対応等の整備が行われてきた。

長年の課題であった「著作権並びに著作隣接権」の保護期間の延長が、TPP11協定の発効により、2018年12月30日、「50年から70年」へと西欧諸国の保護期間に足並みをそろえ施行された。

その他の平成30年改正の概要を「文化庁広報資料」に基づき紹介する。

1. 著作権法平成30改正のポイント

〈以下、「文化庁広報資料」より〉

①デジタル化・ネットワーク化の進展に対応した柔軟な権利制限規定の整備（第30条の4、第47条の4、第47条の5等関係）に関連する改正

◇著作物の市場に悪影響を及ぼさないビッグデータを活用したサービス等のための著作物の利用について、許諾なく行えるように整備された。

◇イノベーションの創出を促進するため、情報通信技術の進展に伴い将来新たな著作物の利用方法が生まれた場合にも柔軟に対応できるよう、ある程度抽象的に定めた規定が整備された。

②教育の情報化に対応した権利制限規定等の整備（第35条等関係）

◇ICTの活用により教育の質の向上等を図るため、学校等の授業や予習・復習用に、教師が他人の著作物を用いて作成した教材をネットワークを通じて生徒の端末に送信する行為等について、許諾なく行えるように整備された。

③障害者の情報アクセス機会の充実に係る権利制限規定の整備（第37条関係）に関する改正

◇マラケシュ条約（＊注1）の締結に向けて、現在、視覚障害者等が対象となっている規定を見直し、肢体不自由等により書籍を持てない者のために録音図書の作成等を許諾なく行えるように整備された。

（＊注1）視覚障害者や判読に障害のある者の著作物の利用機会を促進するための条約

④アーカイブの利活用促進に関する権利制限規定の整備等（第31条、第47条、第67条等関係）に関連する改正

◇美術館等の展示作品の解説・紹介用資料をデジタル方式で作成し、タブレット端末等で閲覧可能にすること等を許諾なく行えるように整備された。

◇国及び地方公共団体等が裁定制度（＊注2）を利用する際、補償金の供託を不要とする。

◇国会図書館による外国の図書館への絶版等資料の送付を許諾無く行えるようにする。

（注2）著作権者不明等の場合において、文化庁長官の裁定を受け、補償金を供託することで、著作物を利用することができる制度

本書の姉妹書に佐藤薫著『著作権法入門早わかり』という本がある。サブタイトルには、「クリエイターのための知的創造物法入門」とあり、クリエイターが学ぶべき法律が「著作権法」だけでなく、表現の自由を保障している「憲法」や「特許法・実用新案法・意匠法・商標法・不正競争防止法」などの知的財産法などに及んでいると指摘しておられる。その中で平成30年改正の主な改正点について、次のように解説されている。

平成30年改正法（第30条の四、第47条の四、第47条の五）解説

（佐藤薫著『著作権法入門早わかり』 出版メディアパル 154ページ）

電子書籍などのようなデジタル化の増大およびインターネットなどのネットワーク化の進展にともなう著作権の制限について

電子書籍などのようにデジタル化が一般化し、インターネットなどのネットワーク化の進展にともない、これらに応じた著作権の制限規定が新たに設けられました。この規定をアメリカ合衆国著作権法のフェア・ユース（公正利用ともいい、1976年の著作権法大改正時に、思想・表現区分原則とともに、判例法上の法理を条文に明記したもの。抽象的な規定なので我が国の著作権法を参考にした判決が下されたこともあります（17 U.S. Code sekusyon § 107 ― Limitations on exclusive rights: Fair use.）であるとする考え方もありますが、フェア・ユースほど抽象的でなく柔軟に対応できるわが国独自の規定であるといえます。

つぎの場合には著作権者の許諾を得ずに著作物を利用することができます。

（１）著作物に表現された思想または感情の享受を目的としない利用（第三十条の四）。この場合には、当該著作権者の利益を不当に害することなく、必要と認められる範囲において、方法のいかんを問わず著作物を利用することができます。たとえば、リバース・エンジニアリング（ソフトウェアの解析）や、人工知能（AI）が犬と他の動物を判別できるように機械学習（Machine Learning）や深層学習（Deep Learning）させる目的で学習用画像データとしての著作物をデータベースに記録する行為などがあります。

また、つぎの場合にも同様に著作物を利用することができます（三十条の四各号）。

一、著作物の録音、録画その他の利用に関する技術開発や実用化のための試験に用いる場合

二、情報解析（多数の著作物その他の大量の情報から、当該情報を構成する言語、音、影像その他の要素に係る情報を抽出し、比較、分類その他の解析を行うことをいう。第四十七条の五第一項第二号において同じ。）に利用する場合

たとえば学術論文の盗用、剽窃を立証するために複数の論文を解析することで、盗用された部分に関する文章等を表示させること

三、人間の視覚や聴覚などで直接、著作物の表現を認識するのではなく、コンピュータによる情報処理の過程において著作物を利用（プログラム（著作物）の場合は、当該プログラムのコンピュータにおける実行を除きます。）する場合

（以下、省略）

8. 編集実務と著作権

1. 適法引用の条件と出所明示

著作物の引用は、無断使用でなく適法な利用でなければならない。

著作権法第32条では「公表された著作物は、引用して利用することができる。この場合において、その引用は、公正な慣行に合致するものであり、かつ、報道、批評、研究その他の引用の目的上正当な範囲で行なわれるものでなければならない」と規定されている（第32条第1項）。

適法引用について、最高裁は「引用して利用する側の著作物と、引用されて利用される側の著作物とを明瞭に区別して認識することができ、かつ右両著作物の間に前者が主、後者が従の関係があると認められる場合でなければならない」（パロディ事件またはモンタージュ写真事件の判決）としている。

引用にあたっては、引用目的上の条件、「主と従」の関係（量的な関係でなく適正なこと）、引用の慣行上の条件（本文との明瞭な区別、原文のまま、著作者人格権の尊重など）に留意する。引用箇所には出所明示（第48条）義務があり、原則として、引用箇所ごとに、著作者名、題号、引用ページ、版元名などを明記する。

公表された著作物は引用できるが、私信、未公開日記などは公表を前提としていないので引用することができない。なお、写真や美術の著作物の表紙、扉、口絵などへの、専ら鑑賞目的での引用はできない。

2. 出版権・著作隣接権と契約

出版者は著作権者（複製権者）と、出版権設定契約を結ぶ（第79条）ことで、その出版権の目的である著作物の原作を文書または図画として頒布の目的をもって複製する権利を専有することができる（第80条）。

設定出版権は、出版者の基本的権利であり、契約に特段の定めがないときには、原稿の引渡しを受けた日から6ヵ月以内に出版しなければならない（第81条）。また、重版するときには、著作者にその旨通知しなければならない（第82条）。

なお、電子メディア時代に対応するため、出版権設定契約を前提としない債権的な「独占的・複製許諾契約」のヒナ型モデルも日本書籍出版協会などから提案されている。

著作隣接権は、著作権に隣接する権利で、実演家、レコード製作者、放送事業者、有線事業者などが著作者と同様に保護される規定である。出版界は著作隣接権（出版者の権利）の確立を目指してきたが未確立である。

電子書籍の時代の到来で、再び「著作隣接権（出版者の権利）」確立の機運が高まったが、代案に「出版権の拡充（電子出版権の創設）」が示され、電子出版権が創設された（⇒140ページ参照）。

あとがきに代えて……

　本書のオリジナル版発行から、18 年が経過し、多くの読者に恵まれた。

　本書は、1982 年に開校された日本出版労働組合の主催する「出版技術講座」の講師を引き受けていただいた編集者たちの講義録をもとに生まれた編集者のための本づくりの入門書である。私は 20 年間、その「夜間講座　本の学校」の責任者として受講生とともに「本づくりの心と技」を学んできた。

　本書は、その精神を受け継ぐとともに、「新版」とするに当たって、3 人の専門家に共同執筆者として登場していただいた。

◇第 4 章「DTP の基礎知識と InDesign 入門」の執筆者　高田信夫さん

　高田さんは、早稲田大学理工学部卒業後、1978 年に大修館書店に入社され、15 年間国語教科書つくりに専念された。1992 年に高陵社書店入社。現在、代表取締役である。「出版技術講座」では、90 年代の初めから「DTP の基礎知識」を担当、その技術と編集の心を教えてこられた。著書に出版メディアパルシリーズの『編集者のための InDesign 入門〈改訂増補版〉』などがある。

◇第 5 章「校正の基礎知識と校正記号」の執筆者　大西寿男さん

　大西さんは、岡山大学で考古学を学ばれ、1988 年より校正者として働くかたわら、校正と本づくりの一人出版社・ぽっと舎を開設、編集・ＤＴＰ・手製本など自由な本づくりに取り組んでこられた。日本出版クラブ主催の「校正講座」ほか、多くの校正セミナーを担当され、著書に出版メディアパルシリーズの『校正のレッスン〈改訂 3 版〉』などがある。

◇第 6 章「印刷の基礎知識と文字の扱い」の執筆者　荒瀬光治さん

　荒瀬さんは、武蔵野美術大学でデザインを学ばれ、エディトリアルデザイナー・あむ代表として活躍されている。日本ジャーナリスト専門学校の講師を 30 年間務め、「出版技術講座」でも編集者・デザイナーの基礎教育に専念された。著書に出版メディアパルシリーズの『編集デザイン入門―編集者・デザイナーのための視覚表現法〈改訂 2 版〉』などがある。

　2020 年 1 月　「本づくりの心と技」を求める旅の途中で……

　　　　　　　　　　　　　　　　出版メディアパル編集長　下村昭夫

資料 カバーのつくり方

◇カバー依頼時の心得 （A5 判・左開き・並製、本文横組みの例）

装丁は、「書物の着物であり、衣装をつけ、化粧を施す術である」（税所篤一氏）といわれている。本の内容にふさわしい装丁が何よりも求められているといえる。第一に、平積みされる場合を考えて、平のデザインが調和している事が大切である。第二に、日本では、書店での陳列方法は棚差しが多いため、背のデザインが調和している事も大切である。第三に、読者が本を手に取って見た場合、平と背のデザイン全体が調和している事が大切である。

なお、カバーの依頼時の注意点は、本文 53 ページを参照のこと。

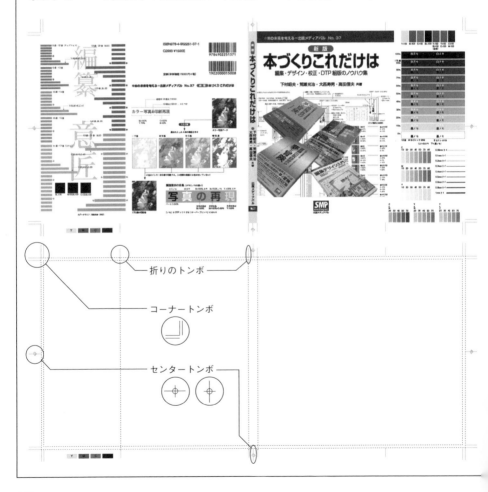

折りのトンボ

コーナートンボ

センタートンボ

本が、取次―書店を通って出版流通システムを流れるには、カバーの裏側に当たる適切な箇所に「日本図書コード」を付記しなければなりません。

下図の図書コードは、本書のカバーの裏側に表示されている図書コードで、一段目の「ISBN978-4-902251-37-1」というのが、本書の図書コードである。

上図の二段コードの一段目は、この本の図書コード。二段目は、図書分類コードと価格コードである。上図右は、書籍 JAN コード（バーコード）。一段目がISBN、二段目が図書分類コードと価格コードである。

初めの「ISBN」というのは、国際標準図書コードのことで世界共通の書籍管理番号。日本では、日本図書コード管理センターが運営・管理を行っている。

「978」または「979」は、書籍を表す識別子（フラッグ）。

「4」は国別番号（地域別、言語圏別の記号）で、日本で発行さるれ書籍は「4」が割り当てられている。

次の「902251」というのは、本書を発行している出版メディアパルの出版者記号（2桁〜7桁）で、「37」は、本書固有の「書名コード」（6桁〜1桁）。最後の「1」は、このコード体系が正しいかどうか判断する「チェック数字」である。

二段目の「C 2000」は、図書分類コード。最初の一桁は販売対象で「2」は実用書を意味している。2桁目は発行形態を表している。「0」は単行本を意味している。最後の2桁は内容を表す。出版というカテゴリーはないので、「総記 00」を使用している。

「¥1500E」は、本の価格コード（本体価格）を表わしている。

キーワード索引

149

●著者略歴

下村昭夫（しもむらてるお）

1961 年にオーム社入社、41 年間編集職（雑誌・書籍）に従事。1982 年、出版労連「出版技術講座」運営委員に選出、以後現在まで「職能教育」に従事。1995 年、「出版技術講座学校長」に就任、「産業分析」「電子出版」「著作権」などを担当。2002 年、オーム社を定年退職、出版メディアパル編集長に就任。現在に至る。

荒瀬光治（あらせみつじ）

武蔵野美術大学卒業後、エディトリアルデザイナー・あむ代表として活躍。日本ジャーナリスト専門学校講師を 30 年間務め、多くの編集者・デザイナーの基礎教育に専念。主な著書に『編集デザイン入門―編集者・デザイナーのための視覚表現法〈改訂 2 版〉』（出版メディアパル）などがある。

大西寿男（おおにしとしお）

1988 年より校正者として働くかたわら、編集・DTP・手製本など自由な本づくりに取り組む。岩波書店や河出書房新社、集英社など、フリーランスの校正者として多くの出版社の文芸書、実用書から専門書まで、幅広く手がけてきた。その 20 年余の経験をもとに、『校正のレッスン〈改訂 3 版〉』（出版メディアパル）などを上梓、企業や大学のほか一般向けの校正講座を通して、多くの人に校正のこころと技を伝えている。1998 年、校正と本づくりの一人出版社・ぼっと舎を開設。

高田信夫（たかだのぶお）

早稲田大学理工学部卒業後、1978 年に大修館書店に入社、15 年間国語教科書つくりに専念。1992 年に大修館書店を退社、高陵社書店入社。現在、代表取締役。「出版技術講座」では、90 年代の初めから「DTP の基礎知識」を担当、その技術と編集の心を教えてこられた。著書に出版メディアパルシリーズの『編集者のための InDesign 入門〈改訂増補版〉』などがある。

新版 **本づくり これだけは**
© 2020 下村昭夫・荒瀬光治・大西寿男・高田信夫

2020 年 2 月 15 日第 1 版　　第 1 刷発行

著　者：下村昭夫・荒瀬光治・大西寿男・高田信夫

発行所：出版メディアパル　〒 272-0812 市川市若宮 1-1-1
　　　　Tel&Fax：047-334-7094
　　　　e-mail：shimo@murapal.com
　　　　URL：http://www.murapal.com/

カバーデザイン：荒瀬光治　　編集：出版メディアパル　　校正：大西寿男
組版：荒瀬光治・大西寿男・高田信夫　　CTP 印刷・製本：平河工業社

ISBN 978-4-902251-37-1　　　　　　　　　　　　　　　　Printed in Japan